BIZARRE WORLD

E. Reid Ros

世界の奇習と奇祭

150の
不思議な
伝統行事から
命がけの
通過儀礼まで

E・リード・ロス
E. Reid Ross
小金輝彦訳

原書房

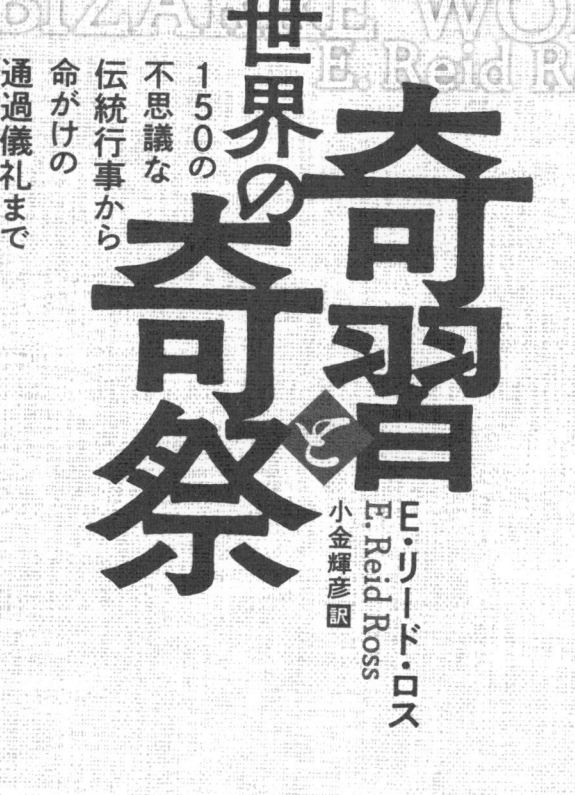

世界の奇習と奇祭

１５０の不思議な伝統行事から命がけの通過儀礼まで

目次

第3章　愛情、結婚、求愛

第4章　仕事

第5章　娯楽

第6章　食料

第7章　自然

第8章　死

はじめに

悪霊を近づけないように、生まれたばかりの赤ん坊の上に座る？
健康のために、コウモリの血をグラス一杯、飲み干す？
馬の頭蓋骨をもって隣の家に行き、問答無用で家に入れてもらう？

奇妙な風習？

そう、人はたいてい、自分たちの慣習を当たり前だと思っているが、そうした慣習も、一歩離れたところから見るとかなり奇妙に感じられることがある。とはいえ、世界には明らかに奇妙な風習、儀式、祝祭、風変わりな行事がいっぱいある。本書では、世界のそうした奇妙な風習を紹介する。たとえば——

▼ラクダ・レスリング（トルコ）
▼ロードキル料理コンテスト（アメリカ）

▼メンタワイ諸島の歯研ぎ（インドネシア）

▼亡くなった親族を宝石に変える（韓国）

▼ズボンのなかにフェレットを押し込める（イギリス）

幸いなことに、こうした風習は大昔にすたれたものも多い。だがなかには、昔ほど過激でないものの（ただし例外はある）、現在まで受け継がれているものもある。そうした奇妙な風習についてじっくり考えてみると、今日でも受け継がれている理由が見えてくるかもしれない。あるいは、伝統の名のもとで実践されている（実践されていた）ことがわかって、ただ啞然《あぜん》としてしまうかもしれない。

読者の皆さんは、もしかしたら本書のなかで、自分の人生の一部にしたいと思えるような儀式に出会えるかもしれない（とはいえ、亡くなった親族を納めた棺をつるすフィリピンの風習は、まねしないほうがいい。世界のほとんどの地域では、その種の慣行はまず受け入れてもらえない）。

なにはともあれ、風変わりな旅に出発することにしよう。ただし本書には、予想以上に奇妙な世界が待ち受けているかもしれないことを、あらかじめお断りしておく。

第1章
健康と出産

SPITTING FOR LUCK

幸運を祈ってつばを吐きかける

◉その赤ん坊が、あなたがした行為を忘れてくれるように願おう

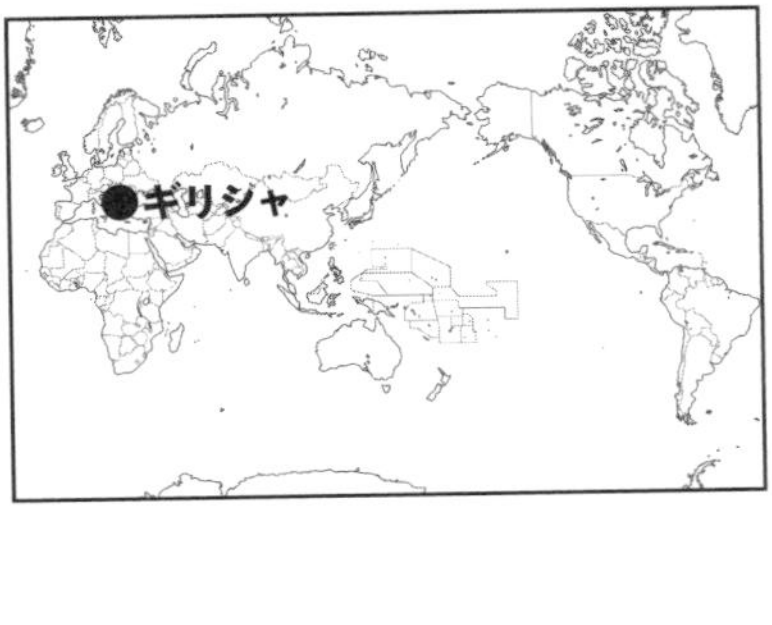

もちろん、地球上のあらゆる社会に、赤ん坊の健康と安全を守るための慣習や迷信が存在するのは当然だ。赤ん坊の自尊心を深く傷つけることのない、無害でささやかな儀式の数々。だが、ギリシャの場合は別だ。なにしろあの国では、赤ん坊のまるまるとした小さな顔につばを吐きかけるのだから。

生まれたばかりの無垢《むく》な赤ん坊の顔に直接つばを吐きかけるのは、ギリシャの人々が日常生活でふつうに行っている「つばかけ」の一つにすぎない。けれども、いつも本当につばを吐きかけるわけではない。なかには「ペッ」という音を発するだけの人もいる。誰かが「ペッ、ペッ」という音を立てているのが聞こえても、心配はいらない。彼らは邪眼《じゃがん》（相手をにらむだけで他人に不幸をもたらすとされている人の目の力）を撃

退しようとしているだけなのだ（三度のつばかけは「三位一体」を表している）。漁師たちは、もっと多くの魚が獲れるようにと、漁網に「ペッ」とつばを吐くまねをすることで知られている。そうやって獲れた魚が、そのままおしゃれなディナーパーティーで出されることはないとは思うが。

ギリシャ人はまた、自分がくしゃみをすると、誰かがどこかで、自分のことを思っているのだと考える。さらに、まわりの人に数字をランダムに三つあげてもらって、その数字を足した値をアルファベットに当てはめると、それがあなたのことを思っている人の名前の最初の一文字だというのだ。

赤ん坊へのつばかけに話を戻そう。なぜそんなことをするのかというと、悪魔を遠ざけるためだ。地獄の責め苦と、永遠に続く苦悩に満ちた闇を支配する者が最も嫌っているのがわずかなつばだと、誰もが知っているからだ。純真な赤ん坊につばを吐きかけるなんて信じられないというなら、『マイ・ビッグ・ファット・ウェディング』（ギリシャ式の結婚式を描いたコメディ映画）を観てみるといい。主人公のトゥーラが新郎に向かって、自分の家族が一族の子どもにつばを吐きかけるのは頭がどうかしているわけではなく、悪魔の手から守るためだと説明する場面がある。

驚いたことに、赤ん坊につばを吐きかけるのがふつうだと考えているのは、ギリシャだけではない。

▼ブルガリアにも同じような風習があるが、ブルガリア人の場合、子どもにつばを吐きかけるだけでは終わらない。つばを吐きかけたあと、悪の勢力が赤ん坊に食指を動かさないよう、

大きな声で「鶏が糞《ふん》をかけてくれますように！」といわなくてはならない。
▼ケニアとタンザニアのマサイ族は、挨拶がわりに互いにつばをかけあい、赤ん坊が生まれたときは、その子の顔じゅうにつばを吐きかける。
▼モーリタニアでも、赤ん坊は同じ目にあう。ウォロフ族の長老たちが、赤ん坊の耳のなかにつばを吐いて、それをぬめりのある膏薬《こうやく》のように頭全体に塗りつける。これは祝福を伝えるためだと思われる。というのも、つばは言葉の力を宿すと信じられているからだ。彼らにはこんなことわざがある。「水のなかのハチミツのように、言葉は良きにせよ悪しきにせよ、つばに溶け込み、そこに言葉のもつ力がある程度残る」
▼ナイジェリアのイグボ族は、長老がアリゲーターペッパー（西アフリカ原産の香辛料）をかんだものを指に吐きかけて、その指を赤ん坊の口につっこむと、演説の力が伝えられると信じている。なんともおいしそうだ！

疑うことを知らない赤ん坊につばを吐きかけるというギリシャの慣習は、キリスト教以前の古代宗教を起源としていると考えられる。だが、ギリシャのほかの慣習と比べると、明らかに退屈だ。たとえば、ギリシャのクリスマスにまつわる民間伝承では、カリカンジャロスと呼ばれる、おぞましく醜悪《しゅうあく》なゴブリン（ヨーロッパの民間伝承に登場する伝説の生物）が、一年のほとんどを地下で過ごしながら、地球を破壊するために世界樹（天を支え、天界と地上と地下につながっている大木）を切り倒そうとしている。だが一二月二五日が近づき、世界樹がまさに伐採されそうになると、ゴブリンは地上に出てくることを許される。地上に出てきたゴブリンは、世界を破壊する計画をすっかり忘れて、一日じゅう人間に悪さをして過ごす。そこへ適度な量のつばを吐けば、安全でいられると思われたのだろう。そのほかにも、古い時代の遺物として、一三日の火曜日（金曜日ではない）を恐れる習慣や、靴にまつわる迷信がある。靴を脱いだあと、裏返しのままにしておくと、大きな災難（最悪の場合は死）に見舞われることがあるという。また、あなたとほかの誰かが同時に同じ言葉を口にすると、それは悪い前兆だと信じられている。そうした事態が起こると、二人とも喧嘩をしたくてたまらなくなるという。そこで、暴力的な衝突を避けるために、二人で「赤いものに触れ《ピアセ・コーキノ》」という言葉を口にしなければならない。そのあと二人は、すべてがうまくいくように、何か赤いものを探してそれに触れなくてはならない（その定番は、赤ワイン。争いをいとも簡単に解決してくれる）。そして奇妙なことに、互いにつばをかけあうことによって、事態はいっそう好転するかもしれない。

　もしギリシャで暮らすことがあって、社会的に成功しようと思ったら、基本的には赤ん坊、新しい知人、見知らぬ人、聖職者……相手かまわず、世界一喧嘩好きなリャマのように、ひっきりなしにつばを吐きつづけるだけでいい。まるで、怒りっぽいプロ野球の監督のための楽園を、誰かがつくったようなものだ。だから、どんどんつばを吐いて、場を盛りあげるといい。ただし、必ず何か赤いものを持ち歩き、クリスマスのゴブリンに用心して、うっかりブルガリアに足を踏み入れてしまった場合に備えて、「鶏が糞をかけてくれますように」という呪文を覚えておこう。

くしゃみは吉兆

古代ギリシャ人は、くしゃみを予言的な兆候だと考えた。紀元前四〇一年に、アテナイの軍人クセノフォンが、ペルシア人に完全に包囲された状況で配下の兵士たちに戦うよう促すため、感動的な演説をした。そしてその演説が終わると、兵士の一人がくしゃみをした。それは非常によい前兆だと思われ、誰もが即座に敬服した。

殴り合いにナイフを持ちこむ

ギリシャでは、望みもしない喧嘩《けんか》に予期せず巻き込まれてしまったら、相手にナイフを手渡すといい。正しい作法は、ナイフを置いて、それを相手に拾わせるのだ。そうしないと、必ずや殴り合いになると信じられている。

HEALING BLOOD MILK

病気を癒《い》やす血を混ぜたミルク

◉ホールミルク？　スキムミルク？　それともO型のRhプラス？

私たちの多くは、自分たちの母親でもなく人類でさえない動物のミルクを飲んでいるという事実に慣れっこになっている。だがよくよく考えてみると……なんと気持ち悪いことか！　鈍重な雌牛やヤギの巨大な乳房から絞りだされた分泌液を飲んでいると思うと、食欲が少し失せてきはしないだろうか？　それでも、朝食のシリアルと一緒になら別に問題はないと思う人もいるかもしれない。そんなあなたのために、もう一つ伝えておこう……。ケニア（とタンザニア）のマサイ族は、私たちとまったく同じくミルクを飲むのが大好きだ。ただし、低温殺菌する代わりに、彼らは湯気のたつような新鮮な血を混ぜる——そう、血だ！

その血は、ミルクを絞ったのと同じ牛から採取する。だがその入手方法は……もう少し手荒い。おいしさの秘訣《ひけつ》である鮮度を保つために、その日、運悪く選ばれた牛の頸動脈に小さな切れ目を入れるのだ。そして、あふれでる血を集めてミルクに混ぜる。ただし、血を採りすぎてはいけない。数日のうちに傷が癒えて、ふたたび血を採れるようになるのが望ましい。貧しい農夫が飼っていた三本足の豚の物語と同じだ。牛は一度でだめにしてはいけない。

マサイ族は、血を混ぜたミルクをさまざまな用途に使う。たとえば、祝杯や、病人のための万能薬として用いている。空洞になっているひょうたんに、ミルクと血を入れて発酵させるのだ。ときには（独特の風味を出すために）牛の尿を加える。Exploring-Africa.comによると、日中の暑さがそれをすぐに「粘り気のある酸っぱい黒ずんだヨーグルト」状に変えてくれるという。それでもまだ「そんなの、どうってことない。イギリス人だってブラッドソーセージを食べるじゃないか！」と言い張る奇特な人がいるなら、この段落をもう一度読み返してほしい。牛の尿のくだりを見落としてはいないだろうか。

こんな食生活を送っていると、マサイ族の健康に悪い影響があるに違いないと思うかもしれない。だが研究によると、マサイ族の健康状態はおおむねすばらしく、コレステロール値は平均的なアメリカ人の約半分だ。彼らが毎食、家畜の血のヨーグルト以外のさまざまなものを食べているのは明らかだ。そして彼らの活動レベルは、熱心なトライアスロン選手を除けば、どんな欧米人よりもはるかに高い。だが、この不穏な料理に問題があるとは思えない。町に移り住んだマサイ族のほうが心臓病を患《わずら》う割合が著しく高い、というデータもある。

動物性の脂肪やたんぱく質がいっぱい入った混合液を飲むのは、もう一つの慣習に貢献して

絞りたての新鮮な血を混ぜる

いる可能性が非常に高い。その慣習とは、ジャンプダンスだ。マサイ族の言葉でアドゥムと呼ばれる、このエネルギッシュなダンスでは、一二人の男たちが太鼓やその他の楽器の助けを借りずに一糸乱れぬ動きを見せる。このダンスでは、女たちの歌声を契機に、男たちが村の若者の成人式を祝うために、ますます高く飛びはじめる(彼らにできるのはそれくらいのようだ。というのも、若者たちは荒野に向かいライオンと闘わなくてはならないからだ)。若い娘たちも加わって、踊ったり、若い戦士の気を引いたりする。

これまでの段落で何度もこの特定の動物について言及してきたので、もうかなり明確にわかっていると思うが、牛はマサイ族にとって生活の中心となる存在だ。マサイ族は半遊牧民的な生活を送っていて、牛の群れとともに草原を横断し、牛を通貨の代わりに使っている。牛革は衣服や住居に使われる。アメリカ先住民族は動物のあらゆる部分を使うのに長《た》けていると思っている人には、牛の尿について語った段落を再読するようお勧めする。牛は最も貴重で高価な財産なので、マサイ部族にとって立派な牛は、欧米人にとっての豪華なスポーツカーとちょうど同じくらい大切なものだといわれている。

仕事をおろそかにするライオンはいない

マサイ族は妥協《だきょう》を許さない。部族の大人として完全に受け入れられるようになるために、若者はかつてモランと呼ばれる儀式を経験することになっていた。たった一人荒野でかなりの時間を過ごし、野生の生活を送る。この通過儀礼で最も大変なのは、槍一本を使ってライオンを殺さなくてはならないことだった(そのころは、ライオンの生息数がいまよりも多かった)。盾も、予備の槍も、テーザー銃も、いっさい使うことは許されない。無事に生き残った者は、インポッロと呼ばれる、両面をビーズで飾った革製のショルダーストラップを与えられる。おそらくどこかに「危険《バッド》を乗り越えたクールな男《マザーファッカー》」という刺繍が施されているに違いない。

だが闘牛には適していない

マサイ族の飲み物に関する嗜好《しこう》を考えると、マサイ族が着る伝統的な衣装(シュカと呼ばれている)が血のような赤色をしているのもうなずける。赤は勇気、強さ、団結を表すだけでなく、ライオンを追い払うのにも効果的だと考えられている。マサイ族は、彼らの文化のさまざまな部分を意味する色をした、輝くビーズ飾りもよく身につけている。たとえば、青は彼らと家畜に食べ物を与えてくれる空と雨を、白は家畜のミルクのように混じりけのない純粋さを、緑は野菜と家畜の餌となる草をもたらす大地を、黄色は生命の源である太陽を表している。そして最後にオレンジは、友情と寛容という、マサイ族にとって非常に重要な二つの要素を意味している。

BABY TOSSING

赤ん坊投げ

◉幸運を運ぶ馬蹄《ホースシュー》がなくなったら、あなたはどうする？

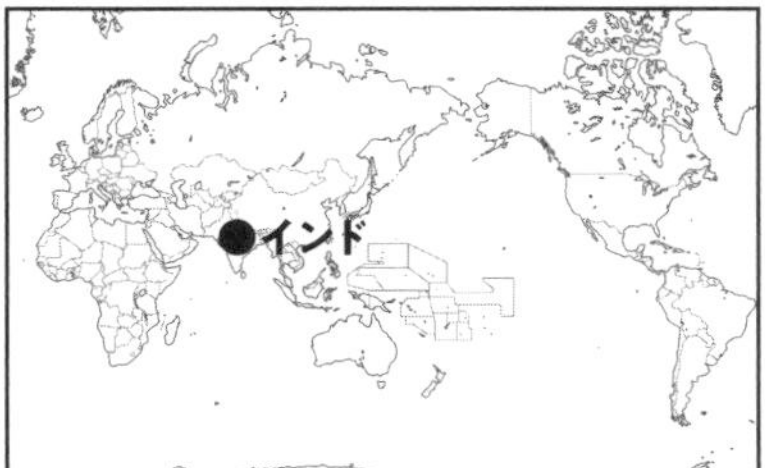

新しい命が誕生すると、ほぼすべての文化において、生まれたばかりの赤ん坊は何か嫌なことをされる。

▼水に沈められる。
▼ラビに、ナイフを男性器にあてられる。
▼変な顔をして笑わせようとする親族のあいだを、たらい回しにされる。

だが、オートバイを操るスタントマンや空中ブランコ乗りが味わうほどのスリルをともなう伝統は、それほど多くない。そんな命がけの危険な慣習が、毎年一二月の第一週にインドの一部で行われている。そこでは、神に対する信仰心を示すために、赤ん坊を屋根から放り投げるのだ。インド中部・南西部のマハーラーシュトラ州とカルナータカ州で最も人気のあるのが、安全とはいえない高所から赤ん坊を放り投げる行事で、ほぼ七〇〇年前から行われている。

この儀式を行うことで最もよく知られているのは、ソーラープルの町にあるバーバー・ウマル・ダルガーというイスラム教寺院だ。この寺院は、約一五メートルの高さのところにテラスがあり、赤ん坊はそこから投げ落とされる。そして、イスラム教徒とヒンドゥー教徒が広げてもつ布で受けとめられる。重要なのは、赤ん坊を怖がらせて、おもいっきり泣く方法を学ばせることではない――それは単なる副産物だ。赤ん坊投げは、その子の一家に健康と繁栄をもたらすと信じられている。何百人もの人が、その光景を見ようと集まってくる。だが、その子が大きくなったとき親にされたことを覚えていたとしたら、親の健康と幸福は危険にさらされると思わざるをえない。

赤ん坊投げの慣習は、幼児の死亡率が驚くほど高く、医療の手だてがほとんどなかった時代に、ある無名の聖者（おそらく歪《ゆが》んだユーモアセンスの持ち主だろう）が人々に希望を与えるために言いだしたと信じられている。この聖者は親たちに、聖堂を建ててそのてっぺんから子どもを投げるよう提案した。このうさんくさい行為に人々がなんとか同意して言われたとおりにすると、奇跡的に一匹のヒツジが現われ、空中の赤ん坊を地上に届けてくれたという。その後の年月で、奇跡が赤ん坊を救ってくれるという人々の思いが、現実的なシーツにとって代わられたのだ。

かつてはよく知られていなかったこの儀式が世界的な注目を浴びたのは、二〇〇九年にある撮影隊がこの儀式を記録して、恐れおののく視聴者に向けて放映してからだ。当然ながら、人々はこの慣習の禁止を求めた。ビジャプール地区の副管理官はこう言った。「私はこの地区に赴任してきたばかりで、赤ん坊に対する非人道的でおぞましい儀式については知らなかった。(今後は)人々にこのような行為をさせないようにするつもりだ」。カルナータカ州の児童の権利保護委員会も乗りだし、大騒ぎとなった。だが、その結果わかったのは? 赤ん坊投げで子どもがけがをしたという記録がなかった。ただの一件も。大衆の怒りはすぐに称賛に変わった。ロンリープラネットの旅行ガイドブックの編集者が言うように、「インドの豊富な祭りの伝統は、インドを最も色彩豊かで混沌《こんとん》とした国に見せてくれる」。これは赤ん坊のときに、一五メートルの高さから放り投げられたことが一度もなかった人の言葉だ。

インドの子どもたちは、成長して自分が子どもをもつ年齢になっても、悲惨な儀式を免れることができない。日食のあいだ、妊娠している女性は、屋内に閉じこもるよう占い師に言われ、聖なる泉で沐浴《もくよく》することで健康と意思の力が増進すると考えられている。二一世紀でいちばん長い日食が起こった二〇〇九年には、体のどんな障害も治ると信じた両親に、首まで泥に埋められた子どもが三四人もいたことがわかった(いずれにしても、子どもたちの親に対する愛情はすっかり矯正《きょうせい》されたことだろう)。赤ん坊投げとは違って、この行為に対する懸念は消えなかった。当局は関与した者を告訴すると脅し、啓蒙活動を開始した。だが、インドには(土曜日に散髪するのを恐れるといった)多くの迷信があり、こうした取り組みは苦戦を強いられることが多い。

実際インドでは、迷信が大きな社会問題と見なされている。貧しく無学な人たちだけでなく、教養があり裕福な人たちも、地域によって異なる非科学的な信念をもっている。そうした信念は、比較的無害なものから本当に恐ろしいものまで、さまざまなものがある。サティ（寡婦を生きたまま焼いたり埋めたりする風習）や人身御供《ひとみごくう》のような伝統は、しだいに過去の歴史となりつつあるが（人身御供が減ったほうが生活がよくなるのは間違いない）、それらに絡んだ事件はいまだに起こっている。それに比べると、ときおり行われる赤ん坊投げなど、かわいいものに思えてくる。

毎月の隔離

隣国パキスタンのカラシュ人の場合、つらい思いをするのは母親たちだ。彼らの文化では、出産は非常に厭《いと》わしく不浄な行為と見なされるため、（バシュレニと呼ばれる）特別な小屋が建てられ、女性は完全に隔離された状態で子どもを産む。男たちが月経もひどく不快なものと考えているので、生理が近づくたびに女性はそれを理由にこの小屋へ送られる。

ラスマーホーリー

インドで不当な扱いを受けているのは、女性や赤ん坊ばかりではない。ラージャスターン州にある古代都市ジョドプルでは、未婚の男性がもっぱら損な役割を担わされている。ラスマーホーリーと呼ばれるクリシュナ神を祝う祭典の期間中、女性たちは結婚相手としてふさわしい独身男性を長い棒で叩く機会を得る。伝えられているところによると、クリシュナが若いころ、彼と未熟な友人たちが、最愛のラダをよくからかっていたという。この行動をとても無礼だと思ったラダの友人たちが、棒を武器にして男たちを追い払ったのだ。

FROG JUICE

カエルのジュース

◉ウィートグラスを加えてもいいが、おそらくたいして変わらない

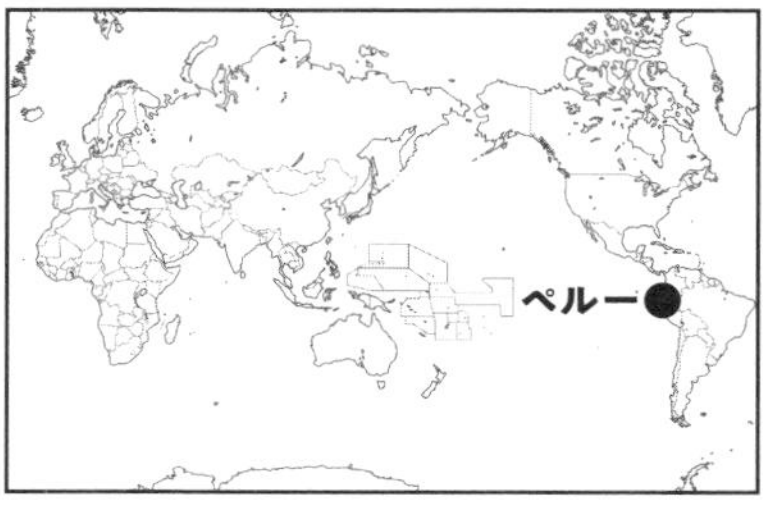

健康飲料はときに飲みづらい。コンブチャ（発酵スパークリングティー）をひと瓶飲んだことのある人なら、誰だってそう思うはずだ。蜂蜜や果物や袋入りのスプレンダ（人工甘味料の一種）をどれだけたくさんミキサーに放り込もうと、ケールの味をほとんど感じないまでにごまかすのは難しい。しかしペルーの人たちは、そのものずばりの味をまったく変えようがない健康飲料を考えだした。カエルのジュースだ。

　カエルのジュースは、南米で三番目に大きい国ペルーのいくつかの地域で味わうことのできるめずらしい飲料だ。フーゴ・デ・ラナ（実際にカエル一匹を丸ごと数種のハーブや蜂蜜と一緒にミキサーに入れてつくる）の起源は、古代の神秘的な民間伝承にまでさかのぼる。勃起障害に効

果があると見なされ、「ペルーのバイアグラ」とも呼ばれている。カエルを絞ったジュースは、次のような症状にも効果があるといわれている。

▼貧血
▼結核
▼喘息

もしこのうちのいずれかを患っているなら、池で跳ねている、ぬるぬるしたカエルを飲み込むことで症状が改善するかもしれない。ついでにいうと、主要な原料として使われるカエルの種類は、チチカカミズガエル（テルマトビウス・クレウス）だ。それだけでは笑えないかもしれないが、なんとこのカエルは、その皺《しわ》だらけの袋のような外見から「陰嚢《いんのう》ガエル」と呼ばれている。

カエルのジュースは、吐き気に縁のないごく一部の少数派だけが飲むニッチな飲料ではない。とても人気がある。ジュースを提供する人たちがあまりにも多くの陰嚢ガエルを殺すので、現実にはこのカエルは急速に絶滅へと向かっている。公平のためにいうと、人口の増加もまた大量殺戮に加担している。それは、健全な勃起をもたらすこのカエルの継続的な能力とは相反するように思えるかもしれない。ペルー政府は、不法な野生生物商人やカエルのジュースを売りまくる販売人（一人につき一日に五〇箱から七〇箱のカエルを消費している）を告発することで、このカエルを保護する対策を講じている。だが依然として需要があるので、カエルのジュースを販売する者が後を絶たない。結局、祖先から受け継いだ超自然的な医療のほうが、カエルをミキサーにかけるのは悪いことだと諭《さと》す役人よりも信用されているのだ。

世界じゅうの自然保護活動家や動物園が、猫の吐瀉物《としゃぶつ》のように見えるという事実にもかかわらず、この陰嚢ガエルを救おうと努力している。デンヴァー動物園の支援計画の専門家であるジェームス・ガルシアのような人たちは、このカエルの不気味さに目をつぶって、なんとかその救済に向けて努力を続けてきた。ガルシアは『ライブ・サイエンス』（科学ニュースのウェブサイト）のインタビューのなかで、何をすべきかについてこう説明している。「私たちは、このカエルを誇りに思い、このカエルを理解するよう、人々を説得しようとしています。みんなが保護し、学習し、誇りに思わないかぎり、このカエルが救われることはないからです」

フーゴ・デ・ラーナ。ジュースの原料

そんななか、なんとも驚いたことに、二〇一六年にペルーは、ワールド・トラベル・アワードによって五年連続で「世界で最も美食を楽しめる国」に選ばれた。ペルーには、キヌアやピチュベリーといった、ペルー料理を概して健康的なものにしているスーパーフードが少なからずある。ペルー料理の人気がアメリカで（少なくともカリフォルニアで）ますます高まり、ロサンゼルスだけでもペルー料理専門のレストランが一五軒あるのはそのためだ。カエルのジュースを提供しているかどうかについての情報はいっさいない。もし提供しているとしたら、そのレストランは、怒りに駆られた人たちから抗議を受けるのを、ある程度覚悟しなければならないだろう。

だが、絶滅危惧ⅠA種のこのミズガエルにとって幸いなことに、気にかけてくれる人はたくさんいる。そしてそれは、寝室で男たちを幸せにしてくれるからという理由からだけではない。少しの運と決断があれば、チチカカ湖のほとりが陰嚢ガエルでいっぱいになる光景を、ふたたび目にすることだってできるかもしれない。最近のちょっとした朗報は、二〇一七年にデンヴァー動物園が、捕獲したテルマトビウス・クレウスのオタマジャクシを世界で初めて飼育することに成功したことだ。あくまで善なる目的のためであって、新しくできたペルー料理のフードコートに安価な原料を提供するためでないことを願う。

串に刺されたかわいらしい姿

ミンチにされたカエルでつくった、爽やかで冷たい飲み物をすすっていると、メイン料理にはモルモットのフライが食べたくなるのではないだろうか？　そう、何世紀にもわたってアメリカの子どもたちにペットとして溺愛《できあい》されてきた、このかわいくて抱きしめたくなるような齧歯《げっし》動物が、ペルーでは間違いなく料理のメニューに載っているのだ。串に刺して焼いたものを道端の屋台で買うこともできるし、ほとんどのレストランで注文することも可能だ。

選択肢が多すぎる

カエルのスムージーやモルモットのケバブと聞いても、次にペルーに行くときはグラノーラ・バーやジャーキーをスーツケースに詰めていこうとは思わない人も、思わずその気になるような伝統的料理がペルーにはほかにもある。たとえばペルーのジャーキーは、牛でも、ちょっとめずらしいダチョウでもなく、リャマのものだ。さらに、器に盛られた巨大アリのロースト、南米に生息するオサゾウムシの幼虫のグリル、アマゾン川の巨大カタツムリを切り刻んでつくる栄養満点のシチューなどがある。自分が大胆であるところを見せたければ、これらを試してみるといい。地元の人にならって泥に浸して食べれば、喉を通りやすくなるかもしれない。

VIRGIN BOY EGGS

童子蛋《どうじたん》

◉スクランブルエッグ？　目玉焼き？　それとも……まさか！

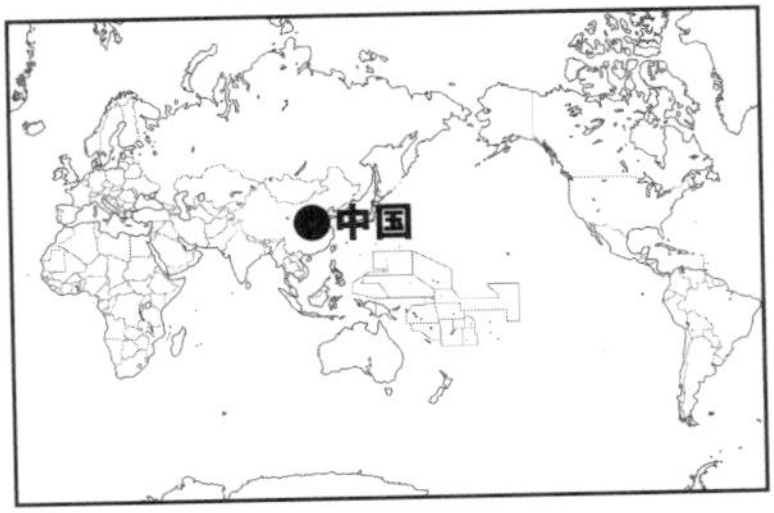

サイの角から鹿のペニスや乾燥ヤモリまで、伝統的な中国医学は……少しばかり独特だ。それでも世界じゅうの多くの人は、古代の東洋医学を進んで受け入れている。たしかに西洋医学は、いまだにすべての答をもっているわけではない。だが、鍼師《はりし》に鍼を背中に刺されたり、吸い玉を皮膚に貼りつけたりしてもらったことで、自分はすごく勇気があると思っている読者は、「童子蛋」を食べて出直してほしい。それがどんな食品か、あなたがどんなに想像力を働かせようと、それよりずっとずっとひどいものだと私が保証する。もちろん、あなたがすぐにそれを「少年の尿で煮込んだ卵」だと察した場合は別だが。そう、まさにそれなのだ。

尿に浸されて調理された卵を食べるのは、数百年ものあいだ続いてきた伝統だ。男の子の尿

じっくりと煮込む伝統料理

に限り、女の子の尿ではだめだ。「どうして？」と思うだろうが、そういう決まりだからとしかいえない。考えてもしかたない。さらに、尿を提供する男の子は一〇歳以下であることが望ましい。なぜなら、そうでないと……。この料理は、長江デルタ経済圏にある人口約八〇万人の東陽《とうよう》市では、露店でふつうに売られている。売っている屋台を見つけるのは簡単だ。臭いをたどっていけばいい。

男の子たちの黄金色をした秘薬を集めるために、「調理人」は、バケツ持参で地元の小学校のトイレに赴く（おそらく校長の許可を得たうえで）。当然のことながら、この卵が体にいいという証拠は何もないが、それでもこの卵を売るグゥー・ヤオファ氏のような人たちは、自分たちの集めた尿に関してあくまで肯定的に考えている。彼は『ハフポスト』のインタビューでこう語った。「この卵は健康にいい。うちの家族は食事のたびに食べている。東陽市では、どこの家庭でも、この卵を食べるのが好きなんだ」

この間違いなく香ばしい食べ物を、実際につくってみたらどうかなどとは、決してお勧めしない。だが、念のためにつくり方を説明しておこう。

まず、卵を殻ごと男の子の尿に浸し、尿を沸騰させる。次に、卵を取りだして殻をむいてから、ふたたび尿のなかに戻し、必要なら尿を継ぎ足しながら、まる一日、コトコトと煮込む。このとき好みでハーブを加えてもいいが、効果があるかどうかは疑わしい。まあ、そんなところだ。それで塩味のきいた、卵黄が緑色をした黄色い煮卵の出来上がりだ。気になると思うので、どんな味かを伝えておこう。東陽市の張裕明中国医学クリニックで働く呉貝《ウーベイ》さんは、『ニューヨーク・タイムズ』のインタビューでこう答えている。「少し尿の味がしますが、それほどではありません。おいしいですから、いつかぜひ食べてみてください！」

尿に漬けた卵を食べたりしたら、（たとえそれが無垢な男の子の尿であっても）肝臓が体から飛びだすんじゃないかと、あなたは思うかもしれない。だが、普段から童子蛋を食べている人は、血行がよく、熱中症になりにくく、一般的に元気だといわれている。男の子のトイレが絡んだ問題に、警察が少しは関心を示すのではと思うかもしれないが、念のためにいうと、地元の政府はこの料理を「無形文化財」に指定までしている。「無形」の部分は、彼らもなぜ人々がこんな変なものを食べるのかがわからず、私たちと同じくらい当惑していることを示唆している。

近い将来に卵が（あるいは若い男性の尿が）足りなくなることはなさそうなので、この独特な伝統は環境にそれほど有害なものではない。だが、絶滅寸前の動物を主要原料とする、何百年も前からあるほかの多くの薬については、そうはいえない。たとえば、虎の骨やサイの角の取引は、数十年前から法律で禁じられているが、中国は二〇一八年にその制限を解除した。理由はいまだに謎のままだ。中国政府は象牙《ぞうげ》の取引は取り締まってきたが、近い将来に完全に絶滅してしまう恐れのあるセンザンコウという動物については、伝統療法にとって重要だという理由で目をつぶっている。ちなみに、センザンコウの調理法にも、若い男の子の尿を使うものがある。私たちは古い習慣と生活態度を変えるために、いったいどこから手をつければいいのだろうか？　鶏か卵か？　それとも少年か尿か？

少しでも嫌悪を感じたら、使用を中止すること

総合的な恐ろしさという点で、童子蛋をしのぐメイン料理をあげるのは難しいが、赤ちゃんネズミの酒漬けがかなりいい勝負かもしれない。これは名前のとおり、一山のネズミの胎児を酒に漬けて発酵させたものだ。すばらしくいい匂いがするんじゃないだろうか？　これもまた起源は古く、あらゆる種類の病気を治すといわれている。生きたネズミを酒の入った瓶に入れて、飲みごろになるまで一年くらい発酵させるのだ。

ランチに詰めたくなるに違いない

中国は、外国人に衝撃を与えるような食べ物を出すことで知られている。二〇一八年に、スウェーデンのマルメにある「気持ち悪い食べ物の博物館《ディスガスティングフード・ミュージアム》」で、中国料理が主役の座を射止めたほどだ。展示されていたのは、皮蛋《ピータン》、臭豆腐《しゅうどうふ》、バーベキューされた豚の脳味噌。豚の脳味噌！お腹をすかせたアメリカ人たちは、この博物館がカリフォルニア州のロサンゼルスにもオープンしたことを知って喜ぶに違いない。そこでは、イギリスのうなぎパイ、サルディーニャ島の蛆《うじ》虫《むし》がわいたペコリーノチーズ、アイスランドの郷土料理である発酵したサメ肉といった、世界各地の気持ち悪い食べ物を試食できる。

ST. JORDAN'S DAY

聖ヨルダンの日

◉思い出のブルガリア（心臓が止まりかけたという意味で）

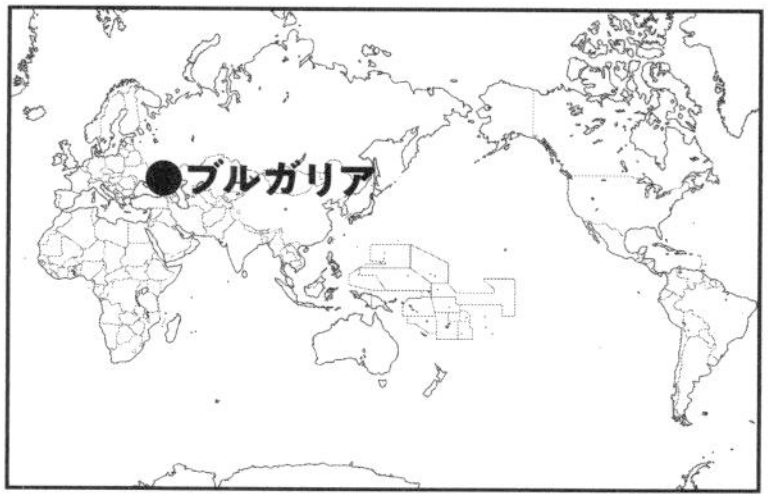

ブルガリア正教会の信者なら、どんなに寒くても、毎年一月六日の聖ヨルダンの日に集う。保温性のある下着を身につけて震えているかもしれないが、なんといっても、この日は公現祭とイエスの洗礼を祝うお祭りだ。この機会を逃したくはないはずだ！ 冬に南東ヨーロッパに行ったことがある人なら、一月六日は一年でもあまりに寒くて、家のなかで座って愚痴《ぐち》をこぼすくらいしかできない時期だとわかるだろう。ほとんどの人にとってはそうだ。だが、一年を少しでも多く健康と幸福に恵まれて過ごしたい（そして男らしさを証明したい）と願うブルガリアの男たちにとっては、彼らの心臓を停止させそうな（あるいは致命的な収縮を引き起こしそうな）慣習に参加するチャンスだ。聖職者が凍りつくような水のなかに投げ入れた十字架を競って拾うのだ。

聖なる十字架を最初に手にして岸に戻った男は、体の全感覚を失いながら、特別な祝福を受ける。水に浸かるのは（もう一度いうが、どれほど冷たいかは言葉では言い表せない）、ヨルダン川での洗礼者ヨハネによるイエスの洗礼を象徴しているからだ。誰もが見落としているのは、ヨルダン川流域が砂漠に囲まれたガリラヤ湖だということだ！　ブルガリアの冬の特徴である凍《い》てつくような寒さには、一度もなったことがない場所だ。そして、まだ低体温症で意識を失っておらず、家の悪霊を追い払おうとしている男たちには、「凍えるような輪舞」が待っている。凍るような水のなかでのたうちまわったあと、やりたくなるのはまさにそれだ。この行事には聖なる十字架はなく、ただ大勢の男たちが、威勢のいい伝統的な調べに合わせて輪になって踊るだけだ。見たところ女性は、こうした活動にはいっさい関与していない。それは、ブルガリア人女性のもって生まれた知性をよく表している。

　このスラヴ的な慣習の対極に位置するのが、火の上を歩くネスティナリと呼ばれるブルガリアの伝統だ。インドの火渡りに似た慣習で、こちらはトルコに近いストランジャ山地の辺ぴな地域で行われている。いまでは東方正教会の聖コンスタンティンとエレナの祝祭と一体化しているが、その発端は紀元前にさかのぼる。勇敢な参加者は、聖なる太鼓のリズミカルな音に導かれてトランス状態に入ると、なんの痛みも感じない様子で、熱い燃えさしの上で裸足で踊るのだ（十字架を追って凍った川に飛び込んだときにできた凍傷が、まだ癒えていないことが関係しているのかもしれない）。

　大晦日もまた、悪霊を追い払うのに力を入れる日だ（悪霊がまったく休みをとらないのは明

凍った川に浸かり続ける

らかだ）。子どもたちは自分用のスルバチカ（色とりどりの糸や装飾品で飾り立てた木の枝）を準備する。そしておまじないを唱えながら、その飾り立てた枝で親戚を軽く叩くことによって悪の力を追い払い、翌年の幸運を祈る。両親を叩いて普段の恨みを少しだけ晴らすことができるので、子どもは大喜びしているに違いない。不思議なことに、叩かれた親戚は、ご褒美にキャンディーを子どもたちにあげる。子どもにとっては、いいとこずくめというしかない。

ところで、ブルガリアを訪れた際に、どれだけ抵抗しても枝で叩かれたり、凍りつくような水のなかで踊らされたり、くすぶっている燃えさしの上を歩かされたりすることがあったら、それはあなたが大切なことを理解していなかった可能性がある。ブルガリアでは、首を縦に振るのは「ノー」

を意味し、左右に振ると「イエス」を意味する。それを取り違えると、何かとてつもなく不快なことをうれしそうに引き受けてしまう羽目になる。

古代ブルガリア人の死体の扱い方など、いくつかの風習が二一世紀まで残らなかったのは喜ばしいことだ。凍えるような水のなかでしぶきをあげるのが冷たいと思うなら、恐ろしいゾンビとして死からよみがえるのを防ぐために、邪悪と見なされた人の心臓に杭を打ち込むのはどうだろうか？　二〇一四年に、こうした一三世紀の「吸血鬼の墓」が一〇〇基近く、ギリシャ沿いの南の国境近くで発見された。確実に起き上がれないようにするために、片脚が膝下で切り取られていたり、鋤《すき》の刃が鎖骨に突き刺さっていたりするものもあった。

そして、それがまさに、忌み嫌う人に対する古代ブルガリア人の対処のしかただった。紀元前四七〇〇年から四二〇〇年の先史時代の墓地を発見した考古学的発掘によって、裕福で身分の高い人のなかには、体を真っ二つに切断されて骨盤を上にして埋葬された人がいることがわかった。もしあなたがローマ帝国時代のきわめて重要な人物だったとしたら、明らかに（二〇〇八年に研究者たちによって発見されたように）二輪馬車に乗った姿で埋葬されていただろう。その傍らには、馬たちとお気に入りの犬が直立した状態で埋められていたはずだ。だから、あなたが東欧のなかでも最も東に位置する国の一つであるブルガリアに旅行した際に、真冬の川でしぶきをあげたあげく脳卒中を起こしたりしたら、おそらくあなたの家族は行事の責任者に対して、同様の葬送を要求することができるかもしれない。だが、しばらく相手を見つめていると、猛烈な速さで激しく首を縦に振りはじめる可能性のほうが高いだろう。

クケリ――怪物たちの祝祭

参加する人たちに健康と幸福をもたらすもう一つの風習が、クケリと呼ばれる民俗祭だ。やはり宗教的な起源をもつが、キリスト教とはほとんど関係がない。この儀式は古代の信仰に由来している。同じく冬に行われるが、本当に人を震えあがらせるのは、クケリが着ている衣装だ。彼らは気味の悪い仮面と動物の毛皮を身につけて、通りで狂ったように踊る。そして夜になると人々の家をめぐったあと、村の広場に集まって浮かれ騒ぎ、老若男女すべての人を楽しませる。それはまるでホラー映画の第一幕のようだ。

幸運を！　そしてすべらないように！

健康と繁栄に関していうと、ブルガリア人はそれを求める方法をたくさんもっている。誰かが重要な用事（たとえば学校の初日や重要な試験など）で外出する必要があるときは、これから直面する課題がこぼれた水のように円滑に解決するよう、必ず玄関の前に銅の器に入れた水をまく。花嫁になる人は、結婚式に向かう前に水の入った容器を蹴ってひっくり返す。それはおそらく、結婚式の前に花嫁が破水しなかったことに対する父親の感謝の気持ちを表すものだ。

DRINKING BAT BLOOD

コウモリの血を飲む

◉最も気持ち悪い治療法

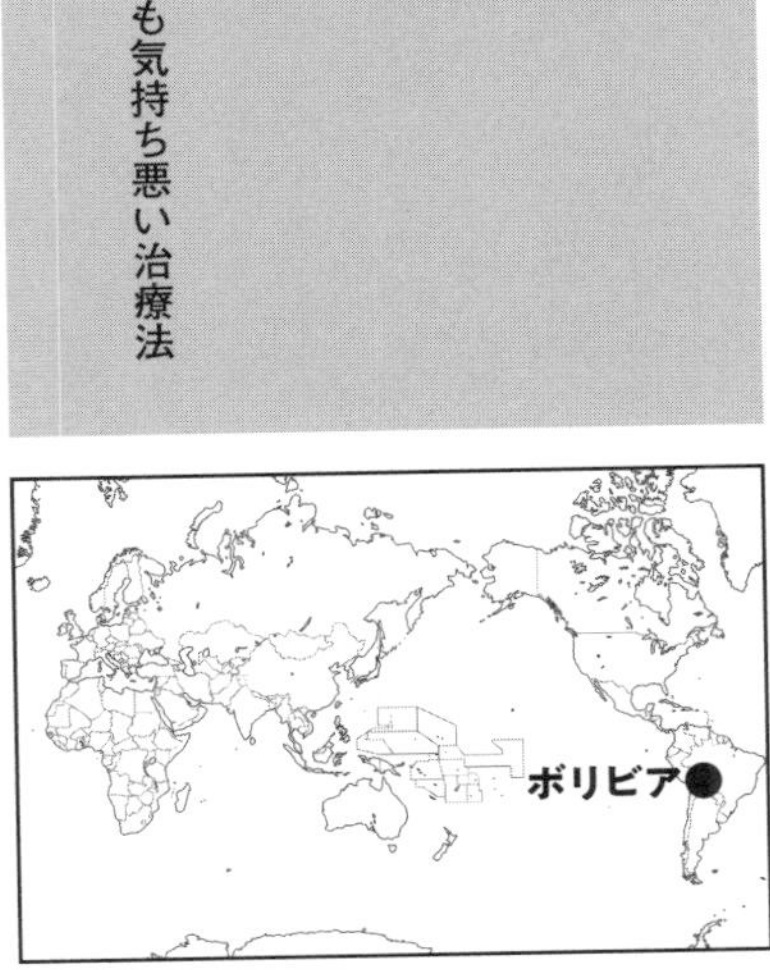

コウモリがボリビアの市場で売られているのを目にすることは多い。新鮮なほどいいと考えられているので、コウモリはたいてい生きたまま売られている。おかげでそれが健康に効くと信じている人たちは、まだ甲高い鳴き声をあげているコウモリから、直接生き血を入手することができる。このかわいそうな生き物は、たいていは恐ろしく窮屈な状態で詰め込まれていて、そのひどい扱いが、大学教授でありボリビアのコウモリ保全プログラムの責任者であるルイス・アギーレのような動物愛好家の注意を引いた。だが、アギーレが何年もかけてこの小さな飛行生物を保護し、人々にその血を飲んだところで誰にも――人間にも、そして当然ながらコウモリにも――いいことは何もないと説明してきたにもかかわらず、いまだに彼のもとには、売り物の生きたコ

ウモリがあるかどうかを問い合わせる電話が頻繁にかかってくる。

コウモリは、狂犬病ウイルスの強力な保菌動物としてよく知られている。だから、コウモリの頭を切り落としてその体内の血をすするのは（それが推奨される方法だ）、ちょっと危険ではないだろうか？　それは危険に決まっている。たとえコウモリの血を飲むだけでは狂犬病に感染するリスクは低いといっても。処刑が迫ってパニックになったコウモリを扱うだけで、ひどくかまれる恐れがあるのは明らかであり、多くの恐ろしい病気に身をさらすことになるからだ。死んだコウモリを丸ごとフライにしてから、アルコールを染み込ませた袋に入れて保存するという別の調理法もあるが、それだって別段いいアイデアとは思えない。

だが、すべてのコウモリが命にかかわる病気を媒介するわけではない。ボリビアには一三三種類のコウモリがいて、このコウモリたちがいなければ、おそらく蚊が反乱を起こすだろう。花蜜をすするコウモリが、蜜蜂とまったく同じように、植物の受粉にとって大切な存在であるのは、いうまでもない。コウモリを愛したり、寝袋のなかに入れて抱きしめたりする必要はもちろんないが、コウモリが少しも有害な生き物ではないことに、誰もが気づく日がいつか来ることを願いたい。

もし、あなたがボリビアに行ったときに、無害なコウモリを身もだえする紙パック入りジュースのように扱いたくなったら、この国のメニューにはほかにもいろいろな料理が載っていることを思いだしてほしい。ぐずぐずしていないで、ほかのご当地グルメを試食してみるといい。

▼雄牛のペニススープ。国民的な二日酔いの治療薬で、たいていは飲みすぎによる頭痛を抱えた客が多い週末の朝だけ提供される。
▼モコチンチ。現地の言葉で「鼻水」という意味のローカル飲料。だがそんなにびくつかなくてもいい。桃とシナモンでつくった冷たい飲み物にすぎないのだから。

結論として、気持ちが悪くてむかつくというだけで、それが何かの治療に役立つわけではない。

ニャティタス（頭蓋骨）の日

不運な吸血コウモリから逆に血を吸い取るなんて、おぞましいと思うかもしれないが、ニャティタスの祝祭はその比ではない。毎年一一月に行われるこの祭りは、メキシコの死者の日に似ているが、一つ決定的な違いがある。ニャティタ（「しし鼻の者」という意味）が頭蓋骨を意味するスラングであると知ったら、その違いが何かは想像がつくだろう。ボリビアの人たちは、顔に頭蓋骨の化粧を施す代わりに、最近亡くなった親族の本物の頭蓋骨を飾り立てる。夜になると人々は、家から頭蓋骨（家宝として大切に保管している）を持ちだして墓場に向かい、感謝を述べて捧げものをする。儀式が終わると、ニャティタスはそれぞれ個別の祭壇に戻される。その場所が、マットレスとベッドフレームの隙間よりも、もう少し尊厳のある場所だといいのだが。

リャマの沈黙

コウモリのように気味の悪いものに対して同情を感じるのは難しいかもしれないが、ボリビアの伝統では、かわいらしいリャマの赤ん坊もひどい仕打ちを受けている。家を新築する前に、多くの人がブルハス市場（別の名を魔女市場という）に行き、リャマの胎児を買い入れる。家を建てているあいだ、それをもっていると、事故を防ぎ悪の力を追い払ってくれると信じられているからだ。魔女市場では、金運をもたらす乾燥カエルも簡単に手に入る（そして煙草をそのカエルの口に差し込むと、あなたの代わりに本当に仕事に行ってくれる）。こうした慣習は衰退しつつあると思うかもしれないが、ますます多くの人がこの種の儀式に頼るようになっていることが報告されている。魔女にとっては喜ばしいことだが、リャマの個体数にとっては恐ろしいニュースだ。

第 2 章
通過儀礼

ABORIGINAL WALKABOUTS

アボリジニのウォークアバウト

●子どもを外に行かせて、日光を浴びせすぎる結果に終わる

オーストラリア大陸は、あなたが町や郊外の外へ足を一歩踏み出すと、気合いを入れ、両手につばを吐きかけ、ありとあらゆる方法であなたを徹底的にやっつけようとする。蛇、ワニ、クモ、サメ……鋭い歯、毒、針、あるいはそれらの組み合わせをもつ生き物がわんさといる。オーストラリアのアボリジニはそのことを知っているので、若者が成人であることを証明する方法は、実に印象的だ。村を離れてさまよい、自然の脅威とさまざまな毒牙や鉤爪《かぎつめ》に、たった一人で勇敢に立ち向かうだけではなく、それを最長六カ月続けなくてはならないのだ。

この大人になるための旅は、ウォークアバウト（この表現が侮蔑的意味合いをもつようになったため、最近では「一時的な移動」とも）と呼ばれている。アボリジニの少年は、一〇歳から

一六歳のどこかで、村の長老たちが認めたときにこの旅に出る。準備はすぐに整う。なにしろ、グラノーラもステンレス鋼の道具もスマートフォンさえ、この旅には必要ないからだ。徒歩でコンパスももたずに最長一六〇〇キロもの距離を旅し、オーストラリアの奥地で先祖たちがしていたのと同じやり方で、なんとか生き延びる。そのためには、何年も訓練を積み、大人たちのアドバイスに耳を傾け、先史時代から代々伝えられてきた多くの極意を知る必要がある。どうやって毒蛇や毒グモから身を守るかも。

途方もない殺傷能力をもつ動物たちに立ち向かいながら、膨大な距離を歩くのは、アボリジニのティーンエイジャーを待ち受ける出来事のなかで最悪のものではないかもしれない。その判断は、男性器の本来の姿をどれだけ重視するかによって変わってくる。彼らにとっての割礼《かつれい》は、多くの人が思い描くような処置ではない（すばやくナイフがあてられ、幼児が泣きだすといった）。アボリジニの少年は、青年らしいあごひげが生えはじめると、岩の上に座ってペニスを誰かに石のナイフでひき裂かれる。ペニスの裏側を長く切る（専門的には尿道切開という）ので、その最中には当然ながらすさまじい悲鳴が響くことになる。アボリジニによると、ペニスはそのあと、「明るく美しく」なるために岩の上で扁平《へんぺい》にされるという。最後に、完成品をできるだけ赤くするために、開いた傷口に真っ赤な花を差し込む。何をしても、それ以上、ペニスを明るくも美しくもできはしない。

念のためにいっておくと、この血だらけの割礼の儀式は、現在でも行われている。そしてときには悲惨な事故が起こる。二〇一四年には、ノーザンテリトリー州の僻地《へきち》で、三人の少年が病院に救急搬送される事態になった。現代の儀式では、刃物を使う場合は医師か看護師が立ちあうのが当たり前になっているが、このときはそうではなかった……。地元の救急車の運転手（たまたま犠牲となった少年の祖父だった）がその場面について語った証言を、『ＡＢＣニュース』はこう報じている。「ひと目見て、孫が血だらけで座っているのがわかった。本当にショックだった。私は儀式を執り行った者たちに怒りを覚えた」。そして、その孫がさらに詳しく自分の経験を語った。「切られて、反対側から血が噴きだしたのを見たとき、気分が悪くなりました。ひどい出血で……たくさんの血が流れました」

イギリスからポルトガルまでに相当する（ただしクモがはるかに多くいる）道中を歩き、ペニスを切り開かれて血だらけにされても、まだ成人になるための苦難が終わらないアボリジニの若者もいる。

▼アランダ族には、アルキラ・キウマという儀式があり、年長の男たちが親族の一二歳の子どもを宙に放り投げて受けとめる。ブランケットを使わないブランケット・トスのようなものだ。

▼ワラムンガ族には、ナサグラ、あるいは火の儀礼と呼ばれる儀式がある。若い男たちは体じゅうに泥を塗られ、燃えさかるたいまつの火の粉を浴びる。

▼アランダ族には、「歯をへし折る儀式」と呼ばれる成人式もある。（想像どおり）歯を一本へし折って、母親の生地の方向に投げる。

これらの儀式は、この項目の前半で述べたものほど、ひどいとは思えないかもしれない（歯をへし折るのはそうともいえないが）。そこで締めくくりに、アボリジニのワラムンガ族のクンタマラの儀式を紹介しよう。体の最も繊細な部分をくまなく切り裂かれるだけではまだ恐ろしさが足りないといわんばかりに、尿道切開の傷が少し癒えたころ、親族の絆《きずな》をさらに強めるために、年長者が先の尖った石で若者の尿道をふたたび切開する。いまのところこれは伝説にすぎないが、こうした「親族の絆を強める」方法をどう思うか世界じゅうの人にきいてみたなら、おそらくほとんどの人が家族の親睦ピクニックを続けるほうがいいというに違いない。

彼らは、途方もなく長い時間を歩きつづけている

二〇一六年から行われているDNA研究によって、オーストラリアのアボリジニは、世界で最も長く続く文化をもっていることがわかっている。科学者たちは、八三人のアボリジニを説得して唾液を提供してもらい、彼らの起源を約五万八〇〇〇年前と断定した（ヨーロッパ人とアジア人は約四万二〇〇〇年前にすぎない）。彼らは、アフリカの祖先から分かれ東に移動して陸塊に到達した。やがてそこの一部が分離して、オーストラリア大陸となった。それは間違いなく感動的な発見だった。

パースで危険な目にあうペニス

アボリジニの割礼の方法を野蛮で不必要なものと思うなら、それを実行しているのが彼らだけではないことを知ってほしい。ここ数年、パースのようなオーストラリアの大都市で、ペニスの美容整形の失敗例が増えている。自分のペニスの形状や機能に不満をもつ男たちが、安価だがきちんとした訓練を受けていない外科医の手術を受けに海を越えてやってくるのだ。医療法の専門家であるカリーナ・ハフォードが、二〇一三年にオーストラリアの通信社のインタビューで、こんなアドバイスをしている。「診察を受ける際に、たくさん質問をすることです。たとえば、この種の手術を実施した回数や、具体的な資格や訓練についてです。ためらわずに、セカンドオピニオンを求めるべきです」。そのとおりだ。では、私たちの意見を言わせてもらおう。「生きるか死ぬかの問題でないかぎり、大事なところにナイフを近づかせてはいけない」

ANT MITTS

蟻の手袋

◉私があなたの年頃には、蛾がいっぱい入った手袋をしていた

青年というのは、つらいものだ。世界に立ち向かい、襲いかかってくるものをすべて倒すくらいタフであることを証明するよう期待されるからだ。ときにそれは、ユダヤ人の少年がみな学ばなくてはならないバル・ミツワー（ユダヤ教の成人式）のように、危険やけがをともなわない、象徴的なものにすぎない。だがそうでない場合、問題は大人になる準備ができていることをコミュニティのほかのメンバーに証明するために、どれだけの痛みを受け入れることができるかにかかっている。アマゾンのジャングル奥深くに暮らす、ブラジルの先住民族サテレ・マウエ族は、若い男性にとてつもない痛みをともなう経験をさせる。銃で撃たれたような痛みをもたらす針をもつ昆虫に、何度も刺されるのだ。

サシハリアリ（パラポネラ・クラヴァータ）が「弾丸アリ」と呼ばれるのは、その針に向き合うという経験が、むやみに銃を撃ちたがる元副大統領のディック・チェイニーと一緒に狩猟に出かけるようなものだからだ。この蟻の攻撃を受ける少年たちは、一度刺されて終わりというわけではない。自分の価値を証明するために、サシハリアリがいっぱい入った特製の手袋をはめたまま、一〇分間（しかもそれを二〇回）、耐えなくてはならない。なぜなら、サテレ・マウエ族の首長が指摘したように、「なんの苦しみもなく、なんの努力もせずに」生きているのは、本当に生きているとはいえないからだ。多くの人（とりわけ苦痛をもたらす手袋をはめざるをえない若い男たち）はおそらく、報酬を払って仕事をさせるなどして、このメッセージを若者に理解させることができると考えるかもしれない。だが、ちょっと待ってほしい。蟻の手袋だって効果はある。

サシハリアリに関して、もう少し説明しておこう。この蟻がもたらす厳しい痛みは、同じくらい厳しい精査を必要とするものだからだ。サシハリアリに一度刺されただけで、一二時間から二四時間、痛みに苦しむことになる。昆虫学者のジャスティン・シュミット博士は、サシハリアリの専門家で、自分がこの小さな悪魔に襲われた経験をこう語っている。「純然たる、強烈で、見事なくらいの痛みだ。まるでかかとに二寸釘を埋め込んで、燃えさかる炭の上を歩くような。あまりにも激しい痛みが一瞬のうちに襲ってくるので、ふつうの人生という幻想が完全にどこかへ吹き飛んでしまう。二四〇ボルトのコンセントに指を突き刺すところを想像してほしい」。そうした状況が、何度も何度も繰り返しやってくる。さらに何度も。インフルエンザの予防接種を受けるときに泣き言を口にするような若者は、サテレ・マウエ族には一人もいないに違いない。

その段取りについて知りたいと思う人のために説明すると、まず、サシハリアリを沈静効果のある天然物質に軽く浸して落ち着かせる。手袋そのものは、植物を編んでつくり、そのなかに数十匹の蟻をていねいに縫い込んでいく。動きを封じられた蟻たちは、目が覚めると怒り心頭に発する。その時点で準備が完了する。可哀そうな青年は、あまりにも激しい痛みに襲われるので、麻痺《まひ》や幻覚もよく起こる。だが儀式が終わると、その青年は今後すべての狩りに参加する資格を与えられる。なってもおかしくない蟻恐怖症にならないかぎりは。

ブラジル政府が介入して、蟻の手袋の慣習をやめさせる可能性は低い。実際には、先住民族の人たちが厳しい環境のなかで生存するために必要とする慣習に、干渉するのを禁止する法律まである。サテレ・マウエ族の少年たちは、当面のあいだ蟻に指をかまれるしかないだろう。

あれを、つついたりしたら……まあいいや

別のブラジル・アマゾンの部族であるシクリン族には、少年が成人になるための、似たような儀式がある。だが、使われるのはサシハリアリではなく、スズメバチだ（蟻かスズメバチか——どっちに刺されるほうがましか迷うところだろう）。このスズメバチを使った儀式では、両手を刺されるだけではなく、全身くまなく狙われる。少年たちは木に登り、この恐ろしい羽と針をもつ怒り狂った昆虫でいっぱいの巣を、素手で叩き落とさなくてはならない。マリアーナ・

イバニェスの書いた記事によると、「勇気と苦痛に耐える力と危険な状況に立ち向かう意欲を公に示すため」に、彼らはこの厳しい試練に耐えなくてはならない。おそらくスズメバチは楽しくてたまらないだろう。

ちょっと待って、カエルが目に入った

同じくアマゾンの奥地に住むマティス族には、毒をもつ蟻に両手を刺されるのと同じくらい、あるいはそれ以上にひどい通過儀礼がある。こちらは昆虫ではなく、毒カエルを使う。若者は、狩人となるにふさわしいことを示すために、いくつかの異なる試練を受けなければならない。最初に、視力とスタミナを改善すると信じられている毒のある葉の汁を、目のなかに垂らされる。マリウィンと呼ばれる次の段階では、民族衣装を身にまとった部族の男たちに叩きのめされる。第三段階は、カエルの出番だ。カエルの毒を、木製の針を通して血管に注入するのだ。これは猛烈な吐き気とめまいと排便を促す。信じられないかもしれないが、この最終段階は、おそらく健康的なものだ。なぜなら、両生類の分泌液に含まれるペプチドには抗菌作用があり、特定の病気を予防する効果があると考えられているからだ。

RUMSPRINGA

ラムスプリンガ

◉パーティーライクイッツ1699

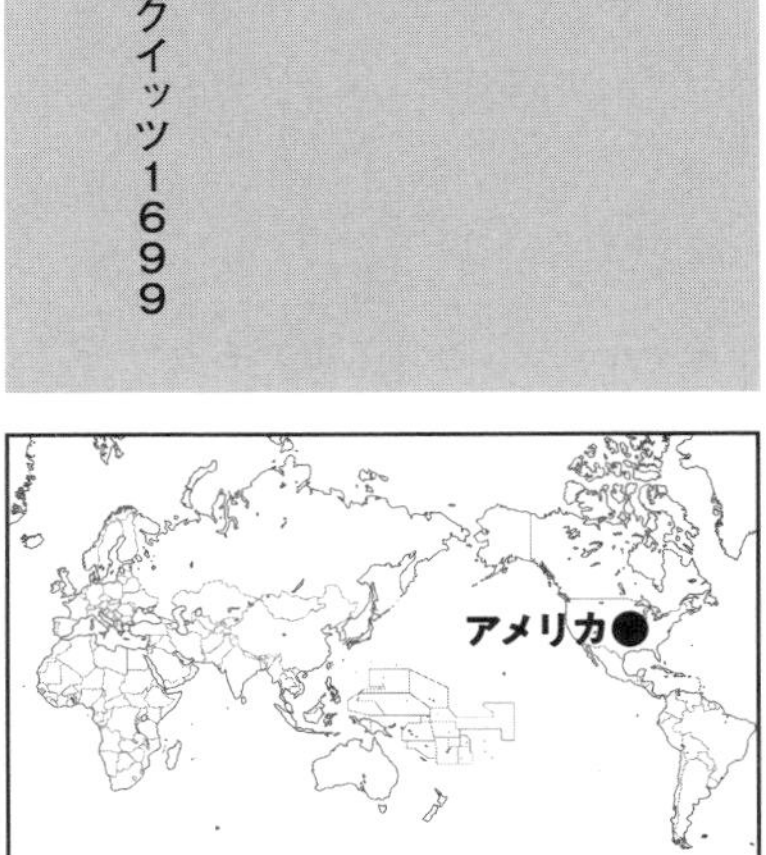

アーミッシュ。荷馬車。昔ながらの口髭のないあごひげ。文明の利器の拒絶。ラップトップを修理してくれる人は見つからないだろうが、頑丈な木製の家具やシューフライパイ（蜂蜜やシナモン入りのパイ）を探しているならば、ペンシルヴェニア州やインディアナ州に行ってみるといい。だが、アーミッシュの人たちが厳格に守っている伝統にも、一つ抜け道がある。アーミッシュの子どもたちは、一定期間、世の中のほかのティーンエイジャーとまったく同じ生活をすることが認められている。地元のショッピングモールのフードコートでたむろする子どもたちのように振る舞うこともできるし、現にそうしている。唯一違うのは、麦わら帽子をかぶりサスペンダーをしている子が多いことだ。

ラムスプリンガは、ドイツ語で（アーミッシュはスイス系ドイツ人の再洗礼派から生まれた）「跳ねながら走り回る」ことを意味する。ラムスプリンガのあいだ、アーミッシュの子どもは誰でも、どんな生き方をするかを選ぶ権利を与えられ、一時的に次のような自由が認められる。

▼両親を怒らせるような音楽を聴く
▼恥ずかしい服装をする
▼ビデオゲームをする
▼映画に行く

つまり、現代のほかのアメリカ人の子どもたちとまったく同じように行動することができる。彼らは「イングリッシュ（ノンアーミッシュのことを彼らはそう呼んでいる）」がどんな生活を送っているのかを自分の目で見て、どの道に進むかを決める。子どもたちはまだ洗礼を受けていないので、教会はこの問題に公には口をはさまない。月曜日から金曜日までは、両親が責任をもって監督する。だが、週末になると、子どもたちは厳しい仕事や禁欲的な謙虚さから解放される。これはアメリカの平均的ティーンエイジャーの意思決定力（世界じゅうどこも変わらない）を考えると、正直なところかなり危険な試みに思える。

ほとんどのアーミッシュは、人間のライフサイクルのなかで判断を誤りがちな時期（ほかにもある。とくに男性は四〇歳ごろに再度そうした時期を迎える）だと多くの人が認識している一六歳で、ラムスプリンガを始める。ラムスプリンガは通常一年か二年続くが、個人の選択によってはさらに延びることもある。この特定の年代は、パーティーで大騒ぎすることでもよく知られている。信じられないような話だが、アーミッシュの子どもたちは、パーティーの楽しみ方をよく知っている。インディアナ州ラグレンジ郡の保安官は、彼らの大がかりなパーティーのせいで、どれだけ騒音苦情が寄せられているかを説明してくれた。「残念なことに、我々が出動しなくてはならないような大規模なパーティーは、ほとんどがアーミッシュによるものだ。とにかく人数が凄《すご》い。二〇〇人から三〇〇人の子どもたちが集まるのだから。この場合、子どもというのは一六歳から二二歳くらいの若者をさす」。帽子をかぶった子どもたちを、大量のアルコール飲料がさらに勢いづかせることが多い。ときには違法ドラッグまで登場する。

アーミッシュの若者の大部分は、ワインクーラーや電気の誘惑に負けてしまうと、あなたは思うかもしれない。だが、最終的に家を出て、携帯電話やエンジンや色鮮やかな下着に囲まれた罪深い生活を選ぶのはほんの少数だ。八〇パーセントから九〇パーセント程度（どこの地域の出身かによって違う）が、家にとどまって厳しい仕事、モルモットの飼育、神（順不同）とともに生きる道を選ぶ。だから、最新の『ワイルド・スピード』シリーズを観に行くべきかどうか悩みながら人生を送ることがないように、若者に外の世界を味わう機会を与えるのは、賭《か》けではあるが、最後には報われる。

アーミッシュの親たちは、ラムスプリンガの期間にはしゃぎすぎて、子どもが恒久的に変わってしまうのではないかと怯《おび》えている。家族のもとを出て行くまではいかなくても（先に述べたように、ほとんどが残るほうを選ぶ)、現代のアメリカ式生活との接触が、コミュニティの状況を変え、長く続いている伝統を変えてしまうのではないかと恐れている。問題なのは、一つの伝統を変えることによって、ほかの伝統すべてが根こそぎ破壊されてしまう可能性があることだ。しかし、アーミッシュが大がかりな改革を自分たちの手で実施したいと思わないかぎり、おそらく妥協しながらやっていくしかないだろう。しょせん、頑健な若者をヤギと一緒に家畜小屋に閉じ込めておくのは無理なのだ。あるティーンエイジャーはこう言っている。「イングリッシュの女の子たちは、僕たちアーミッシュの男が好きなんだ。だって僕たちのほうが強いし、体格もいいし、パーティーの楽しみ方を知っているからね」

農作業からハリウッドへ

『オースティン・パワーズ』シリーズのミニ・ミー役で有名な、いまは亡き俳優ヴァーン・トロイヤーは、アーミッシュ・コミュニティに生まれた。彼が世界で最も小さな人間の一人だという事実は、アーミッシュ・コミュニティの遺伝子プールが驚くほど浅いという事実による可能性が非常に高い。遺伝的多様性の欠如は、創始者効果と呼ばれている。そしてそれが、多くの先天性の異常や疾患、高い乳児死亡率につながっている。コミュニティの純血性を重視してきた結果だ。だが遺伝的な障害をもつアーミッシュは、少なくともそのせいで差別されることはない。トロイヤーはインタビューでこう説明している。「アーミッシュのコミュニティは、私を決して特別扱いしなかった。私は、ふつうの体形をした兄弟姉妹と同じように、薪を運び、牛や豚に餌を与え、家畜の世話をしなければならなかった」

布おむつがいっぱい

アーミッシュが部外者を自分たちの排他的集団に受け入れたがらないからといって、アーミッシュの人口が減少しているとは限らない。実際、その人口は二〇〇〇年から二〇一七年のあいだに一八万人から三二万人に激増していて、その傾向は今後も続くだろう。その一因は、アーミッシュが子だくさんなことにある。彼らは産児制限を信じていないので、平均的な夫婦がもつ子どもの数は七人程度となっている。もちろん、農場にはいくらでも自由な労働があるとはいえ、女性にとって、家にとどまって一人で子どもたちの世話をするのは大変かもしれない。そのあいだ男たちは、外で納屋を建てたり収納棚をつくったりして過ごしている。

CROCODILE SCARIFICATION

ワニのかみ傷

◉ティーンエイジャーのニキビが大変だなんて、言っていられない

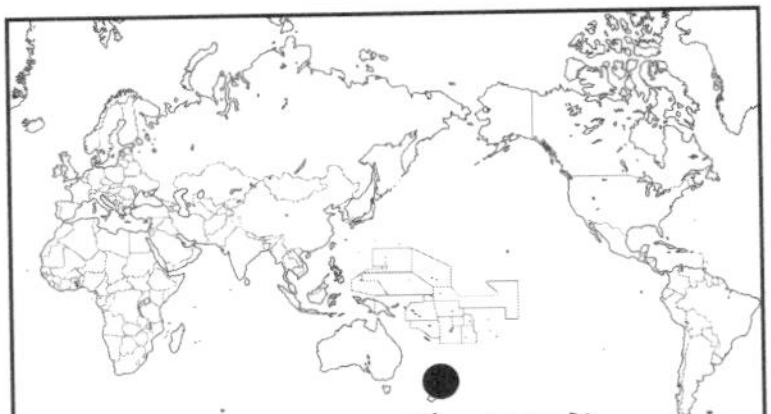

祖先を見わたしてみると、誰にだって風変わりな叔父さんや不気味なお祖父さんの一人や二人はいる。だが、ワニは……いるだろうか？　パプア・ニューギニアのセピック川のほとりに暮らす先住民族は、自分たちの土地を見つけたのは放浪するワニたちで、人間はワニから進化したと信じている。この信仰には現実的な側面がある。大昔の爬虫類の祖先に敬意を払うために、この地方の若い男たちは、体のさまざまな部分に竹を切ってつくった道具で切り込みを入れる。この儀式の目的は……痛みだ。それ以外に何があるだろうか？　上半身や臀部《でんぶ》にでこぼこした傷跡が残り、少しワニの皮膚のように見える。この部族は、ワニの祖先を讃《たた》えたいだけではない。いつの時代も若者たちにワニにかまれたような姿でいてほしいと思っている。

　彼らは「クロコダイルマン」と呼ばれ（大いに納得がいく）、ワニの歯形を意味する小さな傷を体につけている。この傷は、古代のワニと一心同体だというしるしでもある。若者がこの儀式でつけられる傷は、ワニに飲み込まれたときの傷だと考えられている。これは、少年が死んで、大人の男として生まれ変わることを象徴している。ある若者はこの伝統の大切さをこう述べた。

「この傷は私にとってたくさんの意味をもっています。私は祖先のワニのしるしをつけています。これは、トーテムや一族の先祖たちとつながることで守ってもらうための、力と精神の証《あかし》なのです」

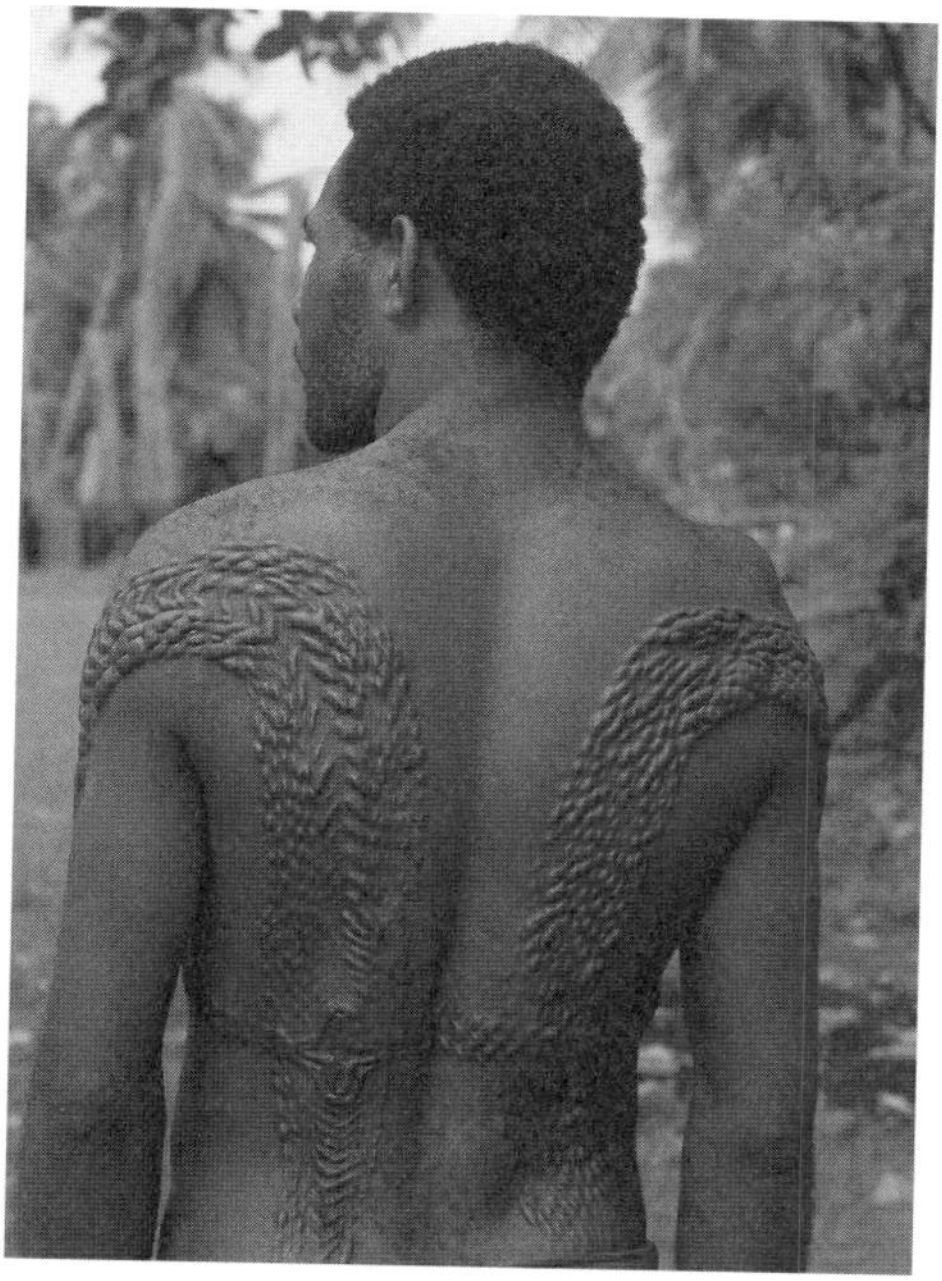

クロコダイルマンは大人の男の証明

　若い女の子たちも体にかみ傷をつける（それまでは妻や母になることは認められない）村もいくつかあるが、たいていは男の子だけだ。やり方は男も女も基本的には同じだが、どちらの場合も、儀式が終わるまで聖なる小屋に隔離されて、最長二カ月を過ごさなくてはならない。部外者はなかで何が起きているかを見ることは禁じられているが、小屋のなかから聞こえてくる大きな音を多くの人が耳にしている。おそらく、ワニの貪欲なあごがたてる音だろう。あるいは、切りこみを入れる作業が始まったときに、若者があげる悲鳴かもしれない。皮膚のでこぼこを際立たせるために傷口に泥を塗りこむのも、おそらく大きな悲鳴があがる原因の一つだろう。ワニにかまれることを象徴する痛みに何か月も耐えることで、人はより強くより賢くなれると考えられている。国立文化委員会（ナショナル・カルチュラル・コミッション）のジェイコブ・シメットは、インタビューのなかでその重要性をこう説明している。「実に科学的です。人は苦痛を感じるとき、学んでいることを記憶する傾向があります。そういうものです」

痛みが儀式に欠くことのできない要素である以上、途中でイブプロフェンを飲むなど許されないことはいうまでもない。必要なだけの傷をつけられると、血を流している若者はコミュニティの火のそばに座り、解毒作用のある煙を傷ついた部分に浴びる。結局その子どもは、ワニの血を少し受け継いでいるのかもしれない。そして傷がすっかり癒えたあとに残るのは、注目を浴びるのが好きなリベラルアーツ専攻の学生が羨《うらや》むような、改造されたすばらしい肉体だ。

傷に泥を（樹液とともに）塗りこむのは、猛烈な痛みをもたらすだけではない。感染を予防する効果もある。さらに親切なことに、体に傷をつけるあいだ、村の年長者たちが心地よい笛の音で痛みを和らげようとしてくれる。作業の過程で流れる血には、例の「ワニに飲み込まれる」うんぬんのほかにも、象徴的な意味がある。少年の母親の血が、大人の男の血に入れ替わることを示している。それは少年が両親の支配から自由になり、市場でゲージ・イヤリングを買うような反抗的な行動がとれるようになったことを意味する。とくにこの儀式を経なくても、それくらいできると思うのだが……。

フリ族の巨大なかつら

パプア・ニューギニアのフリ族の男性は、「ウィッグマン」として知られている。変な名前だと思うかもしれないが、この名がついたのは、彼らが儀式用のかつらの制作を大いに重視しているからだ。彼らはティーンエイジャーになると、コミュニティの生産力のある一員になる方法を学ぶために、村の外に出される。そしてその時期に一年半かけて髪を伸ばし、その髪で巨大かつ装飾的なかつらをつくる。その手順は次のような感じだ。一日に三回、髪を聖なる水で濡らし、魔法の呪文を唱えながらその上にシダの葉をまき散らす。髪が伸びると、竹を使ってマッシュルームの形に整える。当然ながら寝るときには、髪の形が崩れないように、特別な注意を払わなくてはならない。髪の毛を強くする食べ物以外を食することは禁じられている（いまでは多くの国で人気のある食事療法がある！）。やがて髪が十分に伸びたら、その髪を剃り落とし、羽根や着色した粘土で飾り立てたかつらをつくる。もう一度最初から同じ作業をくり返すのをいとわないなら、そのかつらを六〇〇ドルくらいで売ることができるといわれている。

クールー病

フォレ族として知られるパプア・ニューギニアの部族では、人口の約二パーセントが、体を衰弱させる狂牛病に似たクールー病という病気で死亡している。クールー病は「恐怖で震えること」を意味する、脳や神経系にダメージを与える病気で、誰もが口をそろえて非常に恐ろしい死に方だという。この病気は、人間の脳組織を食べることで感染する。昔フォレ族には、葬儀にまつわる恐ろしい伝統があった。死者の脳を食べたのだ。このおぞましい慣習はずっと前に消滅したが、クールー病の潜伏期間が非常に長いために、その影響はいまでも残っている。驚いたことに研究者たちは、この脳を食べる慣習が実はフォレ族がクールー病やその他の神経疾患に対する抵抗力を高めるうえで効果があることを発見した。

TEETH SHARPENING

歯研ぎ

◉ベジタリアンがほとんどいない土地

女性用化粧品の広告——そう、つい目がいってしまう広告だ——では、女性を動物にたとえることが多い。おそらく、ジャングルキャットのような、しなやかなセクシーさをもっているからだ。あるいは、色鮮やかな羽をもつ熱帯の鳥だろうか。サメがほほえんだときに、口いっぱいに広がる鋭い歯や血に飢えた顔だって、セクシーではないだろうか？（人によってはそうは思わないかもしれないが）。だが、インドネシアのメンタワイ族の女性たちは、たしかにそう思っている。貪欲なシュモクザメのような、魅力的なほほえみであなたを出迎えることができるよう、歯を研ぐ慣習があるのはそのためだ。彼女たちは、その作業をするのに、高価な美容歯科に多額の支払いをする必要はない。木の切れ端と尖った石だけを使って自分でやるからだ。自分を鍛える

にはそれが一番だ！

メンタワイ族は、昔からメンタワイ諸島で暮らしていて、いまも先祖の遊牧的な狩猟採集生活を続けている。メンタワイ島自体が熱帯雨林の環境にあるので、食料を求めて町に出かける必要はない。当然ながら、海岸が近いので、サメに対する関心も高くなる。いまでは、歯を海の捕食者であるサメに似せて研ぐのは個人の自由となっているが、多くの女性はいまだに、口いっぱいに広がる危険なほど尖った歯が、女性の美の極致だと考えている。歯をこのような状態にするには、歯根管をまるで足でも洗うかのように激しくこするので、当然ながら激しい痛みをともなう。麻酔は使わず、石の鏨《たがね》がおもな道具だ。痛みを和らげるためにグリーンバナナをかむことはできるが、麻酔に代わるものはそれくらいしかない。研ぎ終わったばかりのチェーンソーのような歯でグリーンバナナをひき裂くのは、ある種の快感に違いない。

メンタワイ族の社会では、男性にとっても女性にとっても、外見はとても重要だ。自分の容貌に満足していないと、魂が霊界に逃げ戻ってしまうのかもしれない。そこで、魂に喜んでもらえるように、女性は歯を尖らせ、男性は体中にタトゥーを入れるのだ。その作業に取り組んでいるあいだは、当然ながら異性のことも意識している。あるメンタワイ族の女性は、歯をサメのように尖らせたあとでこう語った。「歯が鋭くなり、私は夫の目に以前より美しく見えるはずなので、夫が私を捨てることはないでしょう」。彼女の夫が、アザラシの赤ん坊のようにずたずたにされるのを恐れているのは、いうまでもない。

メンタワイ族にとって、昔からのしきたりは重要だが、そう簡単には維持できない時期があった。一九四五年に独立したあと、インドネシア政府は数十年間にわたってメンタワイ族を弾圧し、彼らをふつうのインドネシア人らしく見せようとした。一九五四年には、メンタワイ族にイスラム教徒になるかキリスト教徒になるかを選ばせようとした。豚を飼育していたし、どちらも選ばないという選択肢はなかったので、彼らの多くはキリスト教を選んだ。タトゥーと歯研ぎは、褌《ふんどし》の着用と同様に禁止された。メンタワイ族の文化遺産の多くは一掃されたが、彼らは一九九〇年代に警察が取り締まりを緩めるまで、自分たちの伝統をなんとか維持したのだった。政府が取り締まりをやめたのは、メンタワイ族の慣習を再評価したからではなく、数千年間続いているメンタワイ族の生活様式を見るために、観光客が大金を払うことに気がついたからだ。

いまではメンタワイ族は、どんな服装も祈りもタトゥーも自由にできるし、何でも好きなように、鑿《のみ》で削ることができる。だが残念なことに、彼らの社会の二〇〇〇人近くが、いまだに先祖の慣習を実践している。彼らの多くは森のさらに奥深くへと移り住み、現代的なものから遠ざかっている。いまだにほかの誰からも離れて暮らし、昔の精霊信仰に従って祈りを捧げている者もいる。だがときには、数千年間続けている生活様式を訪問者に見せてくれることもある。だから、もしあなたが全身タトゥーと門歯の研ぎを一度にできる場所を探しているなら、次の休暇にどこに行けばいいか、もうおわかりだろう。

やっぱり骨が一番《ボーン・スウィート・ボーン》

メンタワイ族は、生きているものはすべて魂をもっていると信じている。そこで彼らは、狩りで殺した動物の大切さを讃えるために、その骨を飾っている。サルは人気がある。多くの家の玄関には、呪物用の精巧に彫られた板があり、マカク（オナガザル科マカク属に分類されるサル）の頭蓋骨がいくつも飾られている。これは悪霊を追い払い、より善良な霊を引き寄せるためのものだ。そしておそらく、許可なく村をかぎまわる外国人観光客を怖がらせる目的もある。

ゴヤン・マドゥラのために来て、トンカット・マドゥラのためにとどまる

ジャワ島の北東に位置する、マドゥラ島と呼ばれるインドネシアの島では、やはり女性が男性にとって魅力的になろうと、いっそうの努力に励んでいる。マドゥラ島の女性は、ゴヤン・マドゥラと呼ばれる性的な技術で知られている。これは、ゲーゲル体操のように下半身を引き締めるためのものだ。彼女たちのセックスに関する優れた技量は大きなセールスポイントとなっていて、マドゥラ島の人々は女性の体のある部分の香りと清潔度を向上させるハーブ製の媚薬《びやく》を売ることでかなりの収入を得ている。さらに、女性の体の一部を元の「形」に戻すといわれている、トンカット・マドゥラ（別名マドゥラの杖）も売っている。アマゾンでも売られているが、調べてみたところ現在は在庫切れだった。

LAND DIVING

ランド・ダイビング

◉パルクールよりは、かなりまともな危険行為

「いまからばかなことをするから見ていて！」と言うのにふさわしい行為を一つあげるなら、それは足首に蔓《つる》を巻きつけて木の櫓《やぐら》から飛び降りることだろう。だがバヌアツの若者は、男らしさを見せるために進んでそれをしている。

バヌアツは南太平洋に浮かぶ約八〇の島々からなる国で、住んでいるのはメラネシア人だ。主要な島の一つであるペンテコスト島の南部には、欧米人ならみんなが知っている過激な娯楽、バンジージャンプによく似た成人の儀式がある。おそらくあなたは、バンジージャンプを始めたのは怖いもの知らずの大学生だと思っているだろう。だが、本当はそうではない。一九七九年にオックスフォード大学のデンジャラス・スポーツ・クラブのイギリス人メンバーが流行のきっか

けをつくったのは確かだが、彼らをその気にさせたのはバヌアツ群島の先住民族だった。バヌアツの儀式がバンジージャンプと大きく違うのは、太いゴムひもの代わりに、植物の蔓を使うことだ。加えて、事故が起きたときのための安全ネットがない。待ち受けるのは、冷たくて固い地面だけだ。

バヌアツの人たちは、高い建物も高速道路の陸橋もないので、飛び降りるための櫓《やぐら》（高さはおよそ三〇メートル）を自分たちで建てる。彼らのジャンプは「ランド・ダイビング」と呼ばれている。「バンジージャンプ」よりは正確な名称に思える。「ランド・ダイビング」は、数百年ものあいだ続いている伝統的な行事で、何世代にもわたり、少年たちは自らが「大人の男」にふさわしい勇敢さを備えていると証明するために、重力と足首に巻きつけた植物の蔓に身をゆだねてきた。失敗は死を意味する。

その危険は、どこかのリゾート地であなたが挑戦するかもしれないバンジージャンプの比ではない。ルーク・ファーゴという名の村の長老は、『ＡＢＣニュース』のインタビューのなかでこう説明している。「もしジャンプしたときに二本の蔓が切れたら、間違いなく首か背中か足の骨が折れるだろう」。しかも、それはまだ最悪のシナリオではない。一九七四年にこの地を訪れたエリザベス女王の目の前で、蔓が切れて一人の男が命を落としたのだ。だがそうした事故は、参加者が負わなくてはならないリスクにすぎない。ファーゴは言う。「私たちにとっては伝統行事なので、毎年実施しなくてはならない」

ランド・ダイビングの起源については、好色すぎる夫の理不尽な要求から逃れてジャングルに

死と隣り合わせの最も危険なバンジー

逃げこんだ一人の女性にまつわる古い言い伝えがある。夫（タマリーという名だった）に追いつめられた彼女は、木に駆けのぼってそこから飛び降りたが、木の蔓を足首に巻きつけていたおかげで助かった。だが彼女を追って飛び降りた夫は、蔓を巻きつける作業を怠ったために、大きな音を立てて地面に激突した。その女性は未亡人となって幸せに暮らしたという。女性の権利拡大をテーマとしたこの物語を称えて、バヌアツの女性たちは、この妻の名誉ある落下をまねようと決め、木からジャンプするようになった。ところが男たちはすぐにこの行為の意味合いが好ましくないと決めつけ、その伝統を横取りした(男たちの常套手段だ)。男たちは木の代わりに櫓を使い、二度と同じ失敗をしないようジャンプの練習を始めた。この伝説の肝心な点を、すべて打ち消そうとするかのように。

ランド・ダイビングには、適した季節というものがある。具体的にいうと、ヤムイモの収穫期である乾季で、この時期は蔓（リアナと呼ばれる）が最も柔軟性をもち、最も切れにくいからだ（命がかかっているので、実に重要なポイントとなる）。深刻なけがを負うことなく、地面に軽く触れられるほど低いところまで落ちるのが理想だ。すばらしいジャンプをすれば、その年は健康に過ごせると考えられている。最高のジャンプは病気を追い払ってくれる（一方、ジャンプに失敗すると実際に命を失う）。そんな危険は冒さないのがいちばんいいと思うかもしれないが、ジャンプに参加しない男は、臆病者と呼ばれて笑い者にされる。「友達が全員橋から飛び降りたら、あなたも飛び降りるとでもいうの？」という冗談は昔からあるが、バヌアツの人々は真剣な顔をして飛び降りるのだ。

飛び込み台として使われる木の櫓には、多くの意味が込められている。先に述べたタマリーの欲求不満の魂（ジャンパーはセックスを控えなくてはならず、女性はジャンパーの怒りを買うのを覚悟で離れていなくてはならない）に遭遇するかもしれないうえ、構造そのものにも象徴的な意味がたくさんある。支柱は脚を、中央部は胴を、そして上部の板は頭を表している。飛び込み台は男性器の象徴で、下にあるつっぱりは女性器の象徴だ。つまり、彼らは巨大なペニスから飛び降りているわけだ。

前述のように、女性がランド・ダイビングに近づくことは許されていない。だが、夜たまたま女性がこの櫓に忍びこんで、飛び込み台を一つか二つ切り落としたとしても、伝説のタマリーにとっては当然の報いだと思う人がたくさんいるに違いない。

ストーム・シェルターも役には立たない

バヌアツは、環太平洋火山帯に位置していて活火山が九個もあることから、世界で最も危険な国の一つだと考えられている。二〇一八年三月にマナロ火山が噴火したときは、不運なポンペイの二の舞になる前に、一万一〇〇〇人もの住民が避難しなくてはならなかった。この列島は激しい嵐にも頻繁に襲われ、二〇一五年にはアンブリム島がわずか数週間のあいだに、サイクロンと火山の噴火と地震に見舞われた。現地のトレーラー・パークがどんな惨状になったか想像してほしい。もっとも、トレーラー・パークなどというものが存在すればの話だが。

大ナンバ族に伝道を試みてはいけない

バヌアツで二番目に大きい島マレクラ島は、ランド・ダイビングとは別の伝統に関する記録が残っている。その伝統とは、人食いの風習だ。だが心配はいらない。はるか昔の話だ。報道によると、一九六九年に一人のセブンズデー・アドベンチスト教会の信者が、おそらくは布教目的でこの島を訪れ、大ナンバ族（大きな葉でつくったペニスサックをつけているためにこの名がついた。小ナンバ族はもっと慎《つつ》ましい大きさのペニスサックをつけている）に調理されてしまった。現在、この地はおぞましい観光名所のように扱われていて、かじられた人骨がいまも散乱する調理場の跡地をめぐる、ガイド付きのツアーまである。そうした人骨はわずか五〇年前のものかもしれないので、ツアーの最中は行儀よく振る舞うのが無難だろう。

COW JUMPING

牛の背渡り《カウ・ジャンピング》

◉少なくとも追い回すよりは人道的だ

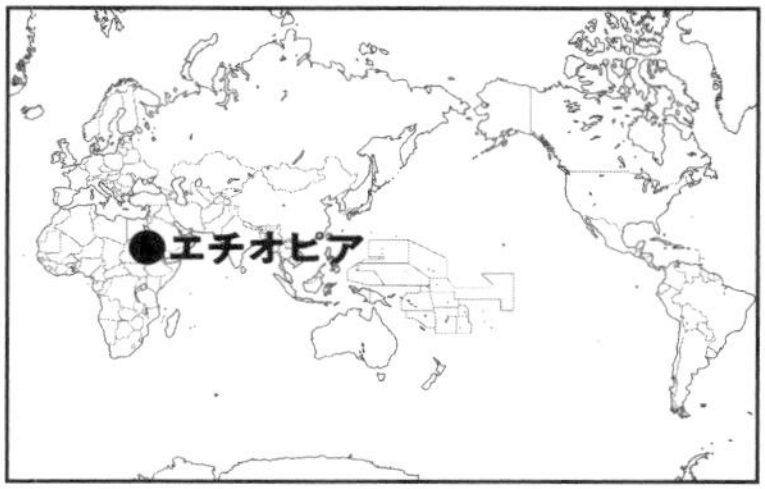

世界じゅうのあらゆる文化圏の若い男たちが、子ども時代に別れを告げるために、身体能力を試す行事に参加している。彼らは、大人になったことを仲間と自分自身に証明するために、実にばかげたことをする。

きちんとしたスポーツから向こう見ずな命がけの行為まで、大人になるという責任（あるいは無責任）を担う準備ができたことを世間に示す方法は、数えきれないほどある。エチオピアではハマル族がそうした慣習をもっているが、彼らの儀式はほかの部族のそれに比べて手が込んでいる。スペインのパンプローナで行われる有名な牛追い祭りに似ているが、ハマル族の儀式では牛は走り回ったりせず、ただじっとしている。そしてその上を、裸の青年がジャンプして渡っていく。

「牛の背渡り」と呼ばれるこの儀式では、青年はまず頭を剃ってから、砂と牛の糞を体にこすりつける(すべりやすくするためだ)。それから樹皮でつくったひもを体にまきつけて体を保護し、メインイベントに備える。やがて、同じく糞にまみれた(最高にすべりやすいイベントにするためだ)去勢牛ばかりが、一五頭ほど並べられる。ここでようやく、青年は牛がつくったバリケードの上を落ちないように渡りはじめる。それを連続で四回繰り返すのだ。激励するために、青年の母親やほかの女性親族は、年長の男性に血だらけになるまで激しくムチで打たれる。彼女たちは、この厳しい試練が終わるまで、悲鳴をあげることは許されない。もし青年が糞まみれの牛の背を渡りきることができなければ、その家族は恥じ入り、翌年また同じことをくり返さなければならない。

ハマル族の青年が真剣な顔で牛の背渡りに臨むのは、不名誉を避けるためだけではない。無事やり遂げた青年は、結婚できるぐらい成熟していると認められる(糞にまみれた牛たちの背を渡る機会が、結婚生活において何度あるかはわからないが)。青年は、自分が〝ボッコ〟を贈るかもしれない女性を失望させたくないに違いない。ボッコというのは、ペニスの形に彫られた小さな木切れだ(女性はそれに三回キスしてから返さなくてはならない)。青年の女性親族もまた、かなりの危険にさらされる。激しくムチで打たれるために、傷が永久に残る恐れがあるからだ。しかし、そうした傷は家族に対する献身的な愛情の証になるので、目に見える傷が多ければ多いほど夫を引きつけておくことができるという利点もある。なぜ男たちが一日じゅう外で家畜と戯れ、背中を傷つけられずに済んでいるのかは謎だ。

牛の背渡りに成功すると、盛大な祝宴が開かれる。客が騒ぎ終えて家に帰ってしまうと、成人となった若者はマザの称号を手にし、すでに牛の背渡りに成功している男たちの仲間入りをする。そして妻を見つけるまでは仲間と一緒に暮らし、ミルク、家畜の血、蜂蜜、肉、コーヒー以外のものは口にしない。若者にとって幸運なことに、マザだけが儀式のたびに女性をムチ打つことができるので、そのあいまに年頃の女性に出会う機会が豊富にある。打つ相手が不足することはない。伝えられているところによると、女性たちは献身を示したいあまりに、マザのもとへ大挙して押し寄せ、ムチで打ってほしいとせがむそうだ。

こうしたムチ打ちが行われているぐらいだから、ハマル族の女性は男性に尽くすものだと思うかもしれないが、実はそうではない。なぜなら、彼女たちは自分よりずっと年上の男性と結婚することが多く、女性が家族の長となり、それにともなう富や名声を手中にする可能性が高いからだ。結婚は一度しか許されないので、口の達者な、牛の背渡り上手なよその男がやってきて、一族の財産を持ち去ることはまずない。夫が死ぬと、その両親も死んでいる場合は、妻が夫の弟たちの面倒を見ることもある。過去にたまたまその弟たちに激しくムチで打たれたことがあったのならば、妻にとってはとりわけ楽しい日々となるだろう。

エチオピアの唇の皿

エチオピアは、人々が唇に皿をはめる風習が最後まで残っている場所の一つだ。ムルシ族とスルマ族は、この昔ながらの慣習をいまも行っているほぼ唯一の部族だ。使われている皿は、直径が一〇センチのものだと、円周は三〇センチを超える。このエチオピアの種族で、唇に皿をはめているのは女性だけで、皿の大きさが結納で交わされる家畜の数を決める指標にもなる。この言い分には異議を唱える者もいて、この皿の背後にはもっと複雑な理由があるという。女性たち自身は何も語らない。論理的な根拠が何であれ、この皿をはめた大胆な姿を目にすると、鼻ピアスをしてマリファナを吸いながらボウリング場でたむろするティーンエイジャーが、鼻水を垂らした子どもに見えてしまうのは間違いない。

列車に乗り遅れるのはしかたがない

エチオピアを訪問する人は、着くとすぐに面食らってしまう。この国では、時間の使い方がほかの国と違うからだ。エチオピアでは、真夜中直後に新しい一日が始まるのではなく、太陽が昇ったときが一日のスタートとなる。これは、私たちにとっての朝の七時が、エチオピアでは午前一時であることを意味する。それはそれで、ある程度筋が通っている。そしてもう一つ、エチオピアのカレンダーには一三番目の月がある。三〇日の月が一二カ月と残りが一三カ月目に挿入されるので、最終的には一般的に使われているグレゴリオ暦に近いものになるが、完全には一致しない。実際、この本を書いているいまも、エチオピアは世界より七、八年遅れている。

WRESTLE FOR THREE YEARS AND CLIMB A MOUNTAIN

三年間格闘して山に登る

◉山登りと格闘と割礼……なんとまあ！

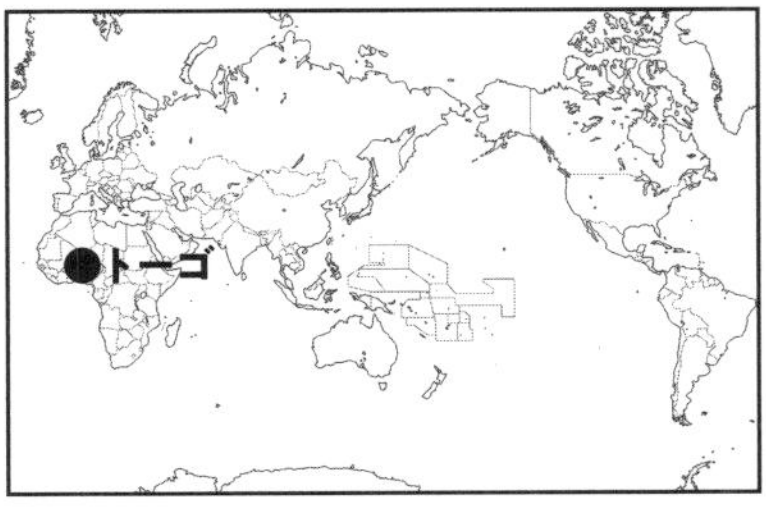

大人の男として認められるために山登りや格闘をしなくてはならないのは、厳しい条件に思える。運転免許さえあれば大人だ、という国とはだいぶ違う。

トーゴはアフリカ大陸の西端にある小国で、ガーナとベナンに挟まれており、南端はギニア湾に面している。約四〇の民族が住んでいて、なかでも最も古い部族の一つがカビエ族だ。国の人口の一二パーセント以上を占めている彼らは、厳しい環境のなかでなんとか暮らしている。この地域では、タフでなければ生きていけない。若者が大人になるのに、カビエ族があれほど厳しい条件を課しているのはそのためだ。もう少し具体的にいうと、山登りと格闘に秀でていることを長期間にわたって示さないと、永遠に大人として認められないのだ。

大人の男になるための「エヴァラ」

　カビエ族には、誰が大人の男になるかを決める「エヴァラ」という儀式がある。この儀式は毎年七月に北部のカラという町で行われる。いくつもの段階からなっていて、最後には一週間にわたる格闘大会があり、少年たちは全身に滑石《タルク》を塗って取っ組み合いをしなくてはならない。これを三年間くり返してから次の段階へと進むのだ。試合に勝つ必要がないのはありがたいが、同じく儀式の一部であるたった一人での山登りを考えると、たいしたなぐさめにはならない。カビエ族の少年たちは、格闘の段階に入る前に、長旅に出て三つの違う山に登らなければならない。地元のスポーツショップで売っているような、しゃれた装備など持たずに。

　もし失敗すれば、その若者は一人前の男として認めてもらえず、彼の家族にとっても大きな恥となる。現代の欧米の若者のように、五〇歳になっても家にこもってビデオゲームに興じるのが好きな人には、他人事とは思えないだろう。

エヴァラを無事にやり遂げた若者は、次にコンドナという段階に進む。参加者は頭を剃り、さらに別の山に登って、山頂のどこかに置かれた銅鑼《どら》を叩かなくてはならない。だが浮かれるのはまだ早い。割礼という儀式の最終段階が残っているからだ。それを終えてもなんとかほほえみを浮かべることができた若者のために、ようやく祝いの行事が始まる。山登りに失敗した者は、それには参加せず、これから一年にわたって続く屈辱のことを考えながら、うなだれて家族ともども帰宅する。だが一部の人にとっては、そのほうがいいのかもしれない。とりわけ、自分の性器にナイフをあてられることなく生きていきたいと願う人にとっては。

エヴァラでは実際にどんな格闘がなされるのかというと、たいてい一八歳から二二歳の五人ほどの若者が、それぞれ五人の相手と戦う。ここで重要なのは、対戦相手を徹底的に倒すことだ。厳密なルールはないが、試合中は名誉と尊厳をもって行動することが何よりも重視される。だからメリケンサックを隠し持っていたりすると、間違いなく顰蹙《ひんしゅく》を買う。格闘に参加するのを避けようとする者は、臆病な行動をとった罰として、カビエ族の社会から追放される。おそらく、気弱な人にとっていちばんいいのは、格闘にはちゃんと参加して、マフィアに買収されたボクサーのように八百長負けをすることだ。

カビエ族の少女たちにも、「アペマ」という成人になるための儀式がある。山登りや格闘はないが、だからといって安心はできない。少女たちはまず、貝殻でつくったネックレスとベルト以外の服をすべて脱がなくてはならない。そのあと、聖なる岩がある森へと連れていかれる。そしてまだ処女であることを証明するために、その聖なる岩の上に座らなくてはならない。この最後の部分がとても重要で、処女でない者がその岩の上に座ると、すぐに血を流しはじめるか、怒り狂った蜜蜂に囲まれると信じられている。なぜ蜜蜂なのかはわからないが、吸血コウモリよりはましだろう。

アコデセワ呪物市場

象やヒョウや乾燥した猿の頭がほしい人にとっては、トーゴは理想の場所だ。首都ロメにあるアコデセワ呪物市場には、目の肥えたブードゥー教の実践者が必要とするものが、トカゲの尻尾の粉末から、さまざまな偶像やお守りまで、何でもそろっている。この地方は、ブードゥー教のルーツといわれる古代信仰ヴォドン発祥の地とされている。気になるワニの頭蓋骨があっても、裏返して値段を調べる必要はない。店の商人が儀式を行い、神々に相談したうえで値段を決めてくれるからだ。その神様が、お人好しの観光客から金をむしり取る片棒を担ぐのだとしても、さっさと決めてほしいものだ。

ダホメ王国の女戦士

トーゴの少女たちは、成人した女性であることを示すために戦う必要はないかもしれないが、隣国ベナンの女性たちには、長い戦闘の歴史がある。一九世紀のアホシ（王の妻の意）戦士は、この地を訪れたヨーロッパ人に「アマゾン」と呼ばれていたが、戦闘の技量が優れていることで有名だった。スタンリー・アルバーンの著書『ブラックスパルタのアマゾン――ダホメ王国の女戦士たち』には、こんな記述がある。「アマゾンは結婚してはいけないことになっているので、自分の性別を変えている。『我々は男であって、女ではない』と彼らは言う。全員が同じ格好をして、同じものを食べ、男と女が互いに競い合っている。アマゾンたちは、男を超えようと努める。あらゆる行為が、首切りに何らかの関係がある。兵士とアマゾンは、ダンスに習熟しなければならない。彼らのダンスでは、目を大きく開き、右手をしばらくのこぎりのように動かす。まるで首のまわりに切り込みを入れているかのようだ。両手を使ってひねるような動きを見せると、それが血なまぐさい行為が終了したことを意味する」

第3章
愛情、結婚、求愛

THE BLACKENING OF THE BRIDE

花嫁のブラックニング

◉それでも育児よりはまし

スコットランドと聞くと、いくつかのことが思い浮かぶ。派手なチェック柄のスカートを誇らしげにはいた男たち、神経を逆なでするような音を響かせるバグパイプ、ハギス（羊の胃袋に羊の内臓やオートミールなどを詰めて茹でる料理）のような料理、『マッドマックス』のオリジナル版に出てくるような、馬に乗った不気味なウォードレイダー（ケルト人の戦士。敵を威嚇するためにウォードを塗りつけて顔を青くしていた）の演説……。ああ、それから将来『スター・ウォーズ　エピソード1』のスターとなる俳優が初の主演を演じた、ヘロイン中毒者を扱った映画（ユアン・マクレガー主演の『トレインスポッティング』のこと）もあった。スコットランドの人々が、優しさやロマンスとの関連で語られることはあまりない。「花嫁のブラックニング」と呼ばれるスコットランドの伝統的慣習を見るかぎり、それは今後もまったく変わらないだろう。

「ブラックニング」とは、結婚式を台無しにしたり披露宴をしらけさせたりするような悪霊を追い払うために、花嫁となる女性に対して行われる儀式だ（ケイジャン料理で焼き色をつけるブラックニングとは関係ない）。花嫁は上半身をあらわにされたまま椅子にしばりつけられ、煤《すす》や豚の血をはじめとするありとあらゆる汚くてべとべとするもの（ひどいときはハギスまで）を、頭からぶちまけられる。二〇世紀の変わり目のころには、この不穏当な儀式にタールや羽毛も使われ、花嫁は身動きできない状態でしばらくのあいださらし者にされた。現在は、さらに花嫁を小型トラックの荷台に乗せて町じゅうを引き回すという、かなり屈辱的なものもある。そのトラックのあとを、鍋や釜を叩いて耳障りな音を立てながら人々がぞろぞろとついていく。

地域によっては新郎もブラックニングから逃れることはできず、スコットランドのごみ容器の中身を、頭からかぶらなくてはならない。いまでは、男性と女性の双方がこの慣習に従っている。みじめな思いを我慢するのは、この儀式を乗り越えた者は、結婚生活の厳しさに耐え、ハギスとマッシュド・ニープ（かぶをすり潰したもの）を食べるだけの根性がある証拠と見なされるからだ。言い換えると、近所を引き回されて、魚の頭や腐った卵を頭から浴びせられても耐えられるのなら、洗い立ての羽毛布団の下でおならをされるくらい屁でもないというわけだ。

花嫁のブラックニングは、予告なしに行われる場合が多いので、厳密には拉致《らち》の一種だといえる。さらに、この儀式には酔っ払いのばか騒ぎがつきものであるにもかかわらず、地元の警察はたいして気にとめていないようだ。伝えられているところでは、近年この慣習が復活しつつあるという。多くの人がこうした昔の伝統を維持することが大切だと考えているからだ。一方で、この儀式は組織的ないじめにほかならないという人もいる。二〇一六年にアンバーという名の女性が、『スコットランド・ヘラルド』紙に自分の体験をこう語っている。「ある日母がやってきて、馬の運搬車を動かすのを手伝ってほしいと言いました。そのとき車のドアが開き、二五人の友人がなかから飛びだしてきて、私を捕まえたのです。私はひもで縛られて、マスタードやカスタードなどありとあらゆるものを浴びせられました。そのあと体についたものをすべて洗い流そうと、四、五回シャワーを浴びました。あのときのことは、いまだに忘れられません」。バチェラーパーティーの痕跡を結婚式前にすべて消し去らなければならないのは、たいてい新郎になるほうだということを考えると、たしかにこれは問題だ。

ブラックニングの起源は、おせっかいな妖精たちを追い払おうと鍋を叩いて大きな音を立てながら足を洗う、古代ケルト人の伝統かもしれない。この儀式が最も盛んなのは農村だが、スコットランド最大の都市グラスゴーでも定着しつつあるといわれている。いろいろな観点から考えると、それはおそらくいいことだ。ブラックニングによって謙虚さを学び、苦難をともにしたことで夫婦がいっそう強く結びつくと考えられるからだ（新婦と新郎の両方がこの洗礼を受ける地域に限るが）。あるいは、ストリップ・クラブの駐車場で目が覚めたら銃で撃たれていたなどという危険を冒さずに、若い男女が結婚前の憂さを晴らす、一般的でより安全な方法というだけなのかもしれない。

実際にはブラックニングは、好き勝手をするバチェラー・パーティーやバチェロレッテ・パーティーに代わるものではまったくない。スコットランドでは、こうしたばか騒ぎの女性版は「ヘン・パーティー」と呼ばれ、お酒を大量に飲んではめをはずし、みんなで盛りあがるのが一般的だ。アメリカのテレビで放映されているありふれたリアリティ・ショーとこれほどそっくりでなければ、私たちはこのパーティーを可能なかぎり激しい口調でとがめていただろう。

花嫁付添人はエルダーベリーの香り

あなたがゴルフコースと、そしてもちろんお城が好きなら、スコットランドは結婚式を挙げるのに最高の場所だ。『ゲーム・オブ・スローンズ』の熱狂的なファンにとって、ドゥーン城を訪れるのは大きな喜びだろう。ここは、スターク家先祖代々の本拠であるウィンターフェル城をつくりだした舞台の一つだからだ。『モンティ・パイソン・アンド・ホーリー・グレイル』の撮影に使われた場所の一つでもあり、今日まで続いているこのコメディ・シリーズを祝うお祭りが毎年行われている。新婦のもつ広大な土地を高い場所から確認したいと願う人にとっては、この城の塔は理想のハネムーン先だろう。

ハギスのもう一つの投げ方

友人の結婚式の前に、その友人に腐った生ものを誰よりも上手に投げたいと願う人にとって、「ハギス投げ世界選手権大会」は、食べ物を投げる腕前を磨くまたとない機会だ。スコットランドの最も有名なひどい料理を遠くに投げるのは、一七世紀に始まった慣習だ。当時は妻たちが、自分が湿地の上を歩かなくてもすむように、夫に昼食を投げて渡していたのだろう。夫が出てきて、反吐《へど》が出そうな昼食をキルトで受けとめる姿は、一見の価値があったに違いない、

THE CRYING RITUAL

泣き嫁

◉結婚を嘆き悲しむ

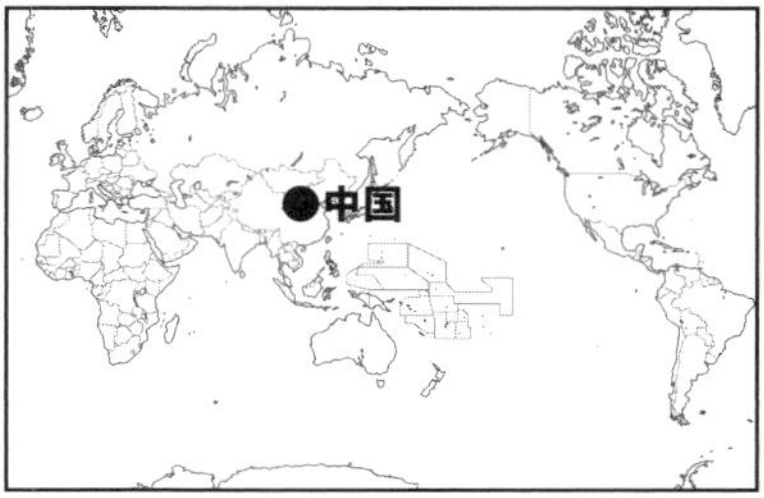

直接関係する人たちの多くにとって、結婚式は誰もが有頂天になり自慢するような、喜びに満ちたお祝いの場だ。バンシー（スコットランドやアイルランドの民話に出てくる死を予見して泣く妖精）のように泣き叫ぶ者はいない。とはいえ、なかには泣く人もいるかもしれない。元カレ、飲み友達、オンラインゲームで知り合った仲間……そういう人たちにとっては、ほろ苦いひとときとなることがある。また、新婦と新郎の両親が、自分の子どもの巣立ちを悲しむのも無理はない。結婚式の出席者のなかにも、おおっぴらに涙を流す人がたくさんいる。しかし結婚する際に、中国ほどたくさん泣く国はない。中国では、結婚式の数週間前からずっと泣きつづける伝統的な慣習があるからだ。

この泣く慣習の起源は、戦国時代の紀元前四七五年から二二一年のころにさかのぼるといわれている。この時代のどこかで、一人の王女がよその支配的な一族の王子と結婚して王妃になるために、送り出されようとしていた。王女がいよいよ出発するというときに、王女の母親が娘の足元にひざまずき、できるだけ早く戻ってきておくれと懇願した。おそらく、誰もがこの王族のまねをしたせいで、結婚前に大いに泣くという風習が広く普及したのだろう。昔ほど一般的ではないが、中国社会には張家界《ちょうかかい》市の土家《トゥチャ》族のように、泣くことを結婚のプロセスのなかの必要な部分とみなしている民族もいる。実際、この泣く儀式に参加しないトゥチャ族の未来の花嫁は、軽蔑され村の笑いものになる危険を冒すことになる。

　結婚前に泣く儀式の正式な手順はこんな感じだ。

▼花嫁となる女性は、結婚式の一カ月前から、一日に一時間泣くようにする。

▼その後一週間から一〇日たつと、母親が同じように泣きはじめる。

▼さらに一週間ほどあとには、花嫁の祖母と姉妹たちが涙の合唱に加わり、その家は耳障りなうめき声で満たされ、それが結婚式当日まで続く。

▼儀式のあいだに花嫁が『哭嫁歌』という惜別の歌を歌うと、さらに多くの泣き声があがる。

　この大がかりな泣き嫁は、あまりにも激しい泣き声を前にした花婿が、安全な場所に逃げこむかどうかを試すためのものではない。悲しい振りをするのは、近い将来に二人が結ばれたとき、誰もが幸せになることを象徴しているのだ。とはいえ、このように派手に泣き叫んだところで、花婿の信頼を得られるとは思えない。

花嫁が見せかけの悲しみを表現する方法は二つある。自分一人で泣くか、女友達や女性親族に「陪十姉妹」として一緒に悲嘆に暮れてもらうかだ。花嫁に連れがいるときは、たいてい歌か詩をきっかけにいっせいに泣きはじめる。抒情詩にはいろいろあるが、ForeignerCN.comに載っているようなこんな反復句が多い。

小鳥が巣立つように、私の姉さんは結婚する
結婚してしまったら、姉さんはいつ家に戻ってくるのだろうか?
今夜は深い愛情を分かち合いたい
私の姉さんは白い蓮根《れんこん》のようで、どんな男もその魅力には抗《あらが》えない
私の姉さんはすてきな唇をしていて、どんな男もその唇にキスをしたがる
私の姉さんは手が器用で、刺繍や織物が上手だ
私の姉さんは心優しく、父さんと母さんを敬っている

嘘泣きなんて簡単だと思っている人に言っておくと、トゥチャ族の少女たちは一二歳になると泣くための練習を始める。一五歳になるとみんなで集まって、どうしたらもっとうまく泣けるかを話し合い、競争をして誰が最も嘘泣きがうまいかを決める。まったく無意味なことに思えるかもしれないが、この慣習の起源に関するもう一つの話を知ると、トゥチャ族の泣く慣習は、より

感動的なものに思えてくる。儀式となっている泣き嫁は、かつては現実的な悲しみを表現するものだった。女性たちは、強制された結婚や無節操な仲介者《マッチメーカー》の気まぐれに対する悲哀を伝える手段として泣き嫁を使ったのだ。幸いなことに、トゥチャ族の女性たちは、自分の望む相手と自由に結婚することができるようになった。悲惨な状況を訴えつづけてきたのが効を奏したのかもしれない。

愛と盗み

トゥチャ族に関していうと、彼らは結婚に向けた準備として、盗みに絡《から》んだ慣習も行っている。この「結婚を盗む」慣習では、花婿の友人たちが花嫁の家を訪れて食事を出してもらったときに、ご飯茶碗をこっそり盗むのだ。そして彼らはその「茶碗に入っている富と幸福」を花婿に届ける。盗み出したお茶碗の数が、新しく夫婦になる二人にこれから訪れる幸運の量とほぼ比例するという。とはいえ、このしきたりの起源は、はっきりとわかっていない。もしかしたら海賊が関係しているのかもしれない。

何か騒ぎが起きるかもしれない

鬧婚《ナオフン》と呼ばれる、中国の結婚に関するもう一つの慣習では、泣かされる可能性が非常に高い。

闇婚とは「結婚式で騒ぎを起こす」という意味だ。「からかい」と称される行動が必然的にともなうが、どちらかというと友愛会の男子学生が新入会員を困らせるためにやるようなことだ。新婦を水に投げ込む、バナナを新婦の腹の上でこする、新郎とイチャイチャさせる……。どれも、もとは昔の荒っぽい性教育だといわれているが、現在はこれをひどい慣習だと見なす現代的な女性たちの抵抗にあっている。その抵抗はかなり強く、結婚に同意する前に、「結婚式での『からかい』はしない」という契約を結ぶよう求める女性がたくさんいる。

CHARIVARI

シャリヴァリ

◉すぐにリムジンで空港へ向かったほうがいい

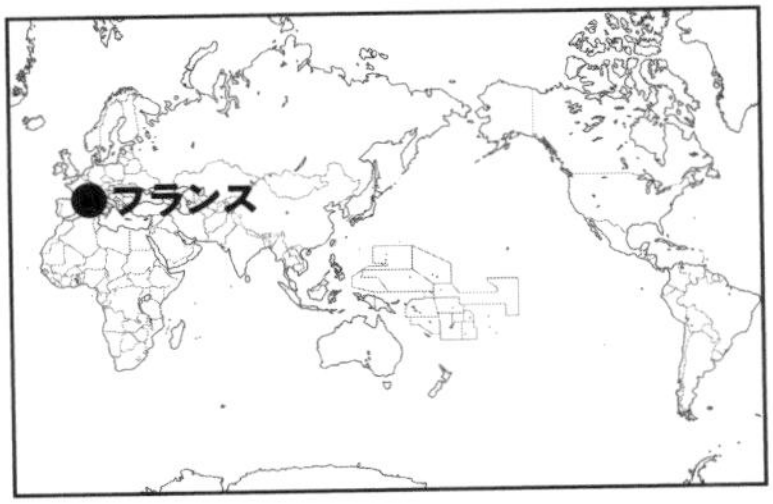

フランス語で言えば、どんな言葉でもたいていロマンチックに聞こえる。たとえばシャリヴァリと聞くと、恋人たちのための一風変わったダンスか、月夜の晩にいちばん大切な人と分け合うおいしそうなフルーツ入りペストリーを思い浮かべてしまう。だが、実はかなり違う。シャリヴァリ（「ラフ・ミュージック」とも呼ばれる）は、新郎新婦の結婚初夜を台無しにすることを唯一の目的とする慣習なのだ。

結婚式が一通り終わり、夜になって新郎と新婦が両親からうまく逃れて家に戻ると、披露宴から流れてきた酔っ払いたちが、結婚の仕上げともいえる初夜を、人の迷惑を省《かえり》みず邪魔しようとする。鍋やフライパンをいっせいに叩くか、そうでなければ、食べ物や酒の要求を聞き入れても

鳴り物入りで騒ぎ立てる

らうまで部屋の外で騒ぎ立てるのだ。こうした連中をなんとか追い払っても、厄介なことに、別のシャリヴァリのグループがすぐにやってきて同じ要求をするのは間違いない。

　この慣習を心優しいいたずらと見なす人もいるかもしれないが、そうとは限らない。かつては、こうした結婚初夜の大騒ぎは、式が行われたばかりの結婚に全面的に反対する意思表示だった。もしくは、家の外で騒ぎ立てることで、未婚のカップルに結婚を促したり、不倫していることを知らせたりすることもあった。ときには自警団の役割を果たし、妻に暴力をふるう男の家の戸口で群衆が騒ぎ立てた。あるいは反対に、妻に殴られても抵抗しない男を世間の笑いものにした。場合によっては、暴力的な結果につながることもある。誰かに対して本当に腹を立てると、その人物を家から無理やり連れ出し、町中を引きまわしてやじを浴びせたのだ。イギリスでは、この慣習は「ライディング・ザ・スタング」としてより広く知られていて、コミュニティが激怒している対象（あるいはその人物を模した人形）を長い柱に固定し、こんな歌詞の下品な歌を歌ってはやしたてた。

この町にはある男がいる
そいつは自分の妻をよく殴る
もしこれ以上殴る気なら
その前にやっつけてやる
男たちよ、叫べ、声をあげろ
ベルを鳴らせ
男たちよ、叫べ、声をあげろ
神よ、国王を護り給え

ドン、ドン、ドン
ブリキの缶を叩くんだ
スミス夫人とその善良な夫
夫人は夫を叩いた、夫人は夫を叩いた
夫はトイレに行きたいだけなのに
夫人はいきなり立ち上がり
夫を激しく打ち据えて、ひどく傷つけた
しまいには刺されたばかりの羊のように、血が流れ出した締めくくりには、人形を水に沈める儀式が行われるが、うまく立ち回らないと本人が沈められることもある。

どんなに私たちが悪い印象を与えようとしても、フランスの結婚式はとても楽しいと誰もが言う。おもな違いの一つは、フランスの結婚式には花嫁介添人《ブライドメイド》がいないことだ（そうした人たちは「立会人」と呼ばれている）。そして新郎が新婦の指に指輪をはめると、新婦はお返しにしゃれた腕時計を渡すことができる。祝宴は週末のあいだずっと続き、その目玉となるのは意外にも二人が正式に結婚することではない。それより大事なのは、二つの家族が――遠い親戚から酔っぱらいの叔父さんまで――一つになることだ。

フランスの結婚式では、家族の一体感が非常に重視されるため、治安判事の立ち会い（ラスヴェガスの簡易結婚のフランス版）だけですませてしまうカップルは軽蔑される。その場合にどれだけの嫌がらせを我慢しなければならないかを考慮したにしても、フランス人のカップルが誰もこの方法を選ばないのには驚かされる。フランスは文化を一新して、新婚夫婦の扱い方を変えるべきだと言っているのではない。だが離婚率が世界で三番目に高い国だという事実に向き合うために、何か対策を考えたほうがいい。まずは新郎新婦に、結婚初夜を平和に過ごさせてあげることから始めたらどうだろうか？

寝室の壺

フランスの新郎新婦が経験しそうな嫌なことはほかにもある。それは寝室の壺だ。寝室の壺とは、昔の人が携帯用トイレとして使っていた代物だ。とにかくこの慣習は、想像するほど気持ち悪いものではない。パーティーの残り物の料理や酒を寝室の壺に詰め込んで、その後の数時間に備えて体力をつけさせようと、新郎新婦に渡すだけだ。友人たちは、壺の中身がすっかり消費されるまで、騒音を立てつづける。ときには一切れのトイレットペーパーが、詰め合わせの上に置かれていることもある。

幸福の死

フランスのバチェラー・パーティーやバチェロレッテ・パーティーは、ふつう以上に不快になりがちだ。フランス人はこのパーティーを「少年少女としての人生の埋葬」と呼んでいて、それは文字どおり「独身男女の生活の葬式」を意味する。主役が偽の墓碑を首に巻きつけて、愉快で死に関連した気晴らしに加わるのもめずらしくない。その間ずっと、参加者たちはお酒を大量に飲んだり、ストリッパーをいやらしい目つきで見つめたりしていることが多い。共通点があるのはいいことだ。そうは思わないだろうか?

BURYING THE BOURBON

バーボンを埋める

◉ちゃんと見つけないと、犬が二日酔いになるかも

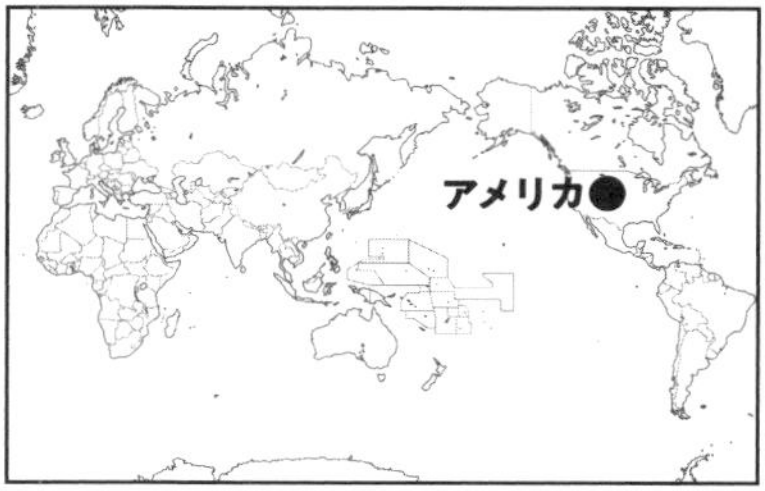

屋外イベントを企画するウェディング・プランナーが一番恐れているのは、予想外の悪天候に見舞われることだ。晴れの日を予想していると、突然、空一面に雨雲が垂れこめる。雷鳴がとどろき、大切な一生の思い出が、ずぶ濡れの混乱と化す。すすり泣く花嫁介添人、溶けたケーキ、台無しになったレンタルのタキシードやコート……。母なる自然が土砂降りの雨がふさわしいと決めたら、その気を変えさせるのは不可能だ。そこで、昔ながらの迷信にすがるしかなくなる。幸いアメリカ南部には、少なくとも一日は雨を遠ざけるための慣習がある。ただし、その慣習には大きな犠牲がともなう。正真正銘のウイスキーのボトルを埋めるのだから。

より具体的にいうと、埋めるのはバーボンのボトルだ。この晴れ乞いの儀式の手順はこうなっ

ている。まず結婚式のちょうど一カ月前に、花嫁と花婿は結婚式が行われる場所を訪問しなくてはならない。そしてその場所で、レギュラーサイズのバーボンのボトルを一本、逆さにして土のなかに埋める。銘柄や等級はあまり気にしなくてもいいようだ。これは母なる自然が堕落した大酒飲みであることを意味しているので、最大限に元を取るには、おそらく徳用サイズのプラスチック製ボトルを埋めたほうがいいだろう。

ボトルを埋めるのは、できれば晴れの日がいい。なぜならその日の天気が、あなたが式の当日に望んでいる天気となるからだ。もしボトルを埋める日に雨や雪が降ったり地震が起きたりした場合は、お酒を買うのを延期するか、自分で飲んで酔っぱらったほうがいいかもしれない。だがもし、この田舎のおまじないが功を奏して雨が降るのをうまく避けられたら、酒のボトルを掘りだして出席者全員と分かち合う（あなたが花嫁の父親なら、片隅で一人酔っぱらって落ち込むことができる。この慣習は、生涯を通して南部で暮らしている人でも知らないかもしれない。だが一方で、顧客全員にこの慣習を行うよう勧めている結婚式場がある。とくにバーボンのボトルを販売しているところは絶対そうだ。賭けてもいい。

この慣習の起源は、ちょっとした謎だ。どこの州で始まったものなのか、誰もはっきりとは知らないが、テネシー州やケンタッキー州といったウイスキーのメッカのどこかである可能性が高い。ウイスキーの販促キャンペーンとして始まったと考える人もいるが、もう少しロマンチックな説明は、スコットランドやアイルランドから来た最初の移民が伝えたというものだ。いずれにしても、高級な南部のサッカー生地のタキシードに少しくらい泥がついてもかまわないという人には、すばらしいシャッターチャンスを提供してくれるだろう。この慣習は、花婿の根性を試すいい機会と捉えることもできる。もし花婿がきちんとボトルを掘り出すくらいシャベルの使い方がうまければ、しつこい監視官が密造酒の蒸留器を探しにきても、証拠の隠滅を任せられるからだろうか？

いままでに参加した結婚式からすると、バーボンのボトル一本しか出てこない結婚式というのは考えにくい。そのため南部の結婚式に参加するときには、酔っぱらってわけがわからなくなってしまう前に、肝《きも》に銘じておくべきことがいくつかある。メイソン＝ディクソン線（ペンシルヴェニア州とメリーランド州、ウエストヴァージニア州の境界線）より北に住む人ならとまどってしまうような料理が、南部のメニューには数多く載っているからだ。鶏の砂肝の唐揚げ、豚足の酢漬け、リバムッショと呼ばれるもの、アリゲーターやオポッサム（フクロネズミ）に関連した何か……。必ずこうした料理が出てくるとまではいわないが、覚悟しておくに越したことはない。まともにシャベルが使えなくてバーボンのボトルを割ってしまい、怒り狂ったアラバマ州のギャングにはるばるマサチューセッツ州まで追いかけられた男にきいてみるだけでいい。そんなことが実際にあったかどうかはわからないが、要点はわかるだろう。

ケーキプル

バーボンを埋めるのは完全にアメリカの伝統だが、南部の結婚式の慣習にはヴィクトリア朝を起源とするものもある。ケーキプル（リボンプルとも呼ばれる）は、小さなチャームを入れてリボンを外に出したまま焼いたウェディングケーキを使う。披露宴で独身女性全員がリボンを引っぱり、その先についていたチャームによって、将来に関する何かがわかるという。たとえば、チャームが四葉のクローバーならば幸運に恵まれる、ハート型ならばまもなく恋に落ちる、という具合に。猫のチャームを引いた人は、猫に囲まれて一人孤独に暮らす「おひとり様」になるといわれているが、そんなチャームを入れるかどうかはプランナーしだいだ。だが、それは不必要に残酷な仕打ちに思える。

ボトル・ツリー

アメリカ南部には、ボトルに関連する慣習がもう一つある。「ボトル・ツリー」だ。昔からの慣習の多くがそうであるように、ボトル・ツリーも、邪悪な力を追い払うために始まった。作り方はとても簡単だ。ただ青い瓶（たいてい青だ）を木の枝に刺して、酔っぱらいの家のクリスマスに見せかける。二〇〇〇年前にガラスが北アフリカではまだめずらしかったころ、空気が通り抜けるときのヒューヒューという音は、悪霊が立てていると考えられていた。こうした悪霊が瓶のなかに捕らえられ、奴隷によってアフリカから持ち込まれたと信じられていたのだ。ひとたび朝日がその瓶に当たると、悪霊は追い払われ、家は悪魔とこのクリスマスのガーデン・オーナメントから解放される。

PRE-WEDDING BATHROOM BANS

結婚するならトイレ禁止

◉食物繊維は避けたほうがいい

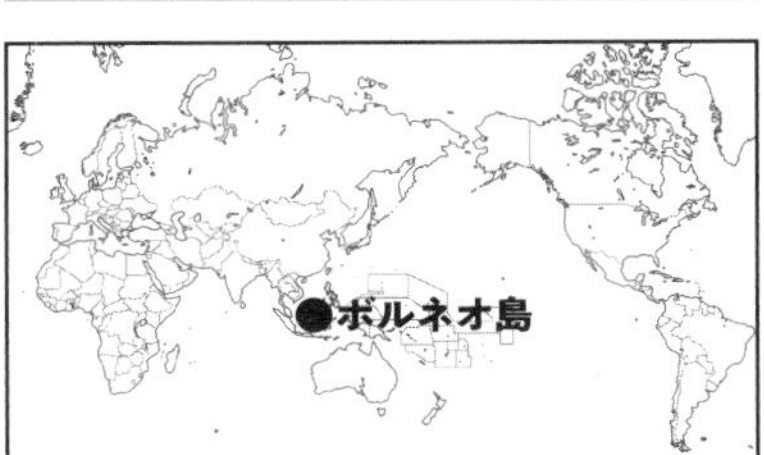

三日間？　トイレに行ってはいけない？　三日間も！

東南アジアのボルネオ島は、ニュースに取り上げられることはあまりないが、アジア最大の（世界では三番目に大きい）島で、一度は見てみたいと思うような壮大な景色や野生動物が存在している。もしかしたら、あなたは地元の住民と恋に落ちて、そこで充実した時間を過ごす道を選ぶことになるかもしれない。だが、もしあなたの愛する人が、たまたまティドゥン族だったとしたら、胃腸をしっかりと現地の郷土料理に順応させておいたほうがいい。なぜならあなたたちが結婚することになったら、三日三晩トイレに行くことが許されないという慣習があるからだ。トイレで手を洗ったり顔にローションを塗ったりするなと言っているのではない。大きな不幸に見舞われたくなければ、小便も大便も絶対にしてはいけないという意味だ。

花嫁と花婿の両方が、七二時間、排泄《はいせつ》を我慢できなかった場合、不妊や幼児の死亡や離婚といった恐ろしいことが起こると信じられている。この儀式については、自己申告制度も存在しない。夜こっそり茂みや家畜小屋の片隅で用を足さないように見張るため、たくさんの監視人が任命されるからだ。たいていは家族の誰かがこの役を担うが、友人の一人をうまく丸め込むことができれば、ひと目を忍んでこっそりと二リットルボトルを満たすことができるチャンスは増える。しかし推奨されている方法は、直前の何日か飲食を控えて、排泄衝動をすっかりなくすというものだ。

幸いボルネオの結婚式にまつわる慣習が、すべて不快なものというわけではない。おそらく最も優しい慣習は、花婿は愛の歌を何曲か歌い終えるまで、花嫁の顔を見ることができないというものだ。花婿の歌に誰もが満足するとカーテンが上げられ、結婚式を挙げることができる。北部のサバ州に住む先住民族にも、結腸を破壊する心配のない愛すべき慣習がいくつかある。たとえば、花嫁と花婿がそれぞれ片足を石の上にのせる慣習だ。これは、二人の関係が岩のように固いものになることを意味していて、そのあと二人は握り飯、チキン・ドラムスティック、果実酒を交換する。サバ州の人たちが、「まる三日間トイレを我慢する」慣習をもたないのは明らかだ。それは容易に想像がつく。

ダヤク族にも、（サバ州の人々と）似たような慣習がある。同じくらいすてきなものだ。片足を石の上にのせる代わりに、花嫁と花婿は、二人の結びつきの強さを象徴する二本の鉄の棒の上に座る。次に司祭が花婿に煙草を一本とビンロウ（ヤシ科の植物）の実をいくつか手渡す。それをどちらも花嫁の口に入れることで、結婚が正式に認められる。そのあと、司祭が鶏を何羽か殺し、その血を使って幸先《さいさき》を占う儀式を執り行う。概していうと、とてもすてきな儀式だ。もちろん、あなたが鶏に愛着があるならば話は別だ。その場合は、最後の部分がすべてを台無しにしてしまうだろう。

結婚後にトイレを禁じるような不快な慣習は、お決まりというよりは例外のようだ。ボルネオとそれ以外のインドネシアや、マレーシア、ブルネイ（ボルネオ島はこの三国に領有されている）でも、ほとんどの慣習がどちらかというとロマンチックで甘美なものだからだ。花婿が花嫁となる相手を儀式的にさらってくるという、インドネシアのロンボク島に住むササク人の少しばかり恐ろしい慣習は別として、だいたいが人を感動させるような象徴的行為を含んでいる。たとえばスンダ列島の慣習では、花婿が手にもつ七本の木の枝に花嫁が火をつける。『ブライドストーリー・ドット・コム』に書かれているように、花婿はその枝を一本ずつ水差しの水につけてから、すべて半分に折る。これは燃えさかる怒りの炎も、妻の優しく宥《なだ》めるような人柄で消すことができるという意味だ。披露宴のスパイシーなオードブルをお腹にためこんだ三日間を終わらせるのに、なんともふさわしい方法ではないか。

生き物すべてが巨大で奇妙な姿をしている

ボルネオ島はマダガスカル島と並んで、世界で最もめずらしい動植物が数多く生息している島だ。地球上で最も小さいカエルから最も体長の長い昆虫（発見者のチャン氏にちなみチャンズ・メガスティックと命名され、体長五八センチ以上のものが記録されている）や、ここでしか発見されていない双頭のウミウシまで、驚くほど多くの動植物が見られるので、ハイキングの途中に間違ったキノコを食べてしまったのではないかと心配になってくる。さらに、ボルネオ島には光るキノコがあって、それを食べると麻薬を使わずに幻覚状態になれる。もしあなたが外に出ておしっこをしないよう自分に言い聞かせる方法を探しているのなら、以上のことを覚えておくといい。

多様性に富んだ島

ボルネオ島は、一つの島としては並外れて多様性に富んでいる。この地域に昔から住んでいる部族に加え、インド人、中国人、マレー人も大きな影響を与えている。世界の主要な宗教のほとんどが入っているので、厳密にどこの地区にいるかによっては、その土地のしきたりを正しく理解するのが難しいことがある。だがボルネオ島の住民の多くはイスラム教徒なので、女性のそばでは用心して慎み深く振る舞っておけばまず間違いない。これほど多くの文化が一つの島に混在している利点は、毎週末のように何らかの祝日がやってくることだ。もしあなたたち夫婦が、かなり長い時間トイレを我慢することに興味があるとしたら、ハネムーンの理想的な行き先が見つかったといえるかもしれない。

ゲレウォール祭り

THE GEREWOL FESTIVAL

◉美男子コンテスト

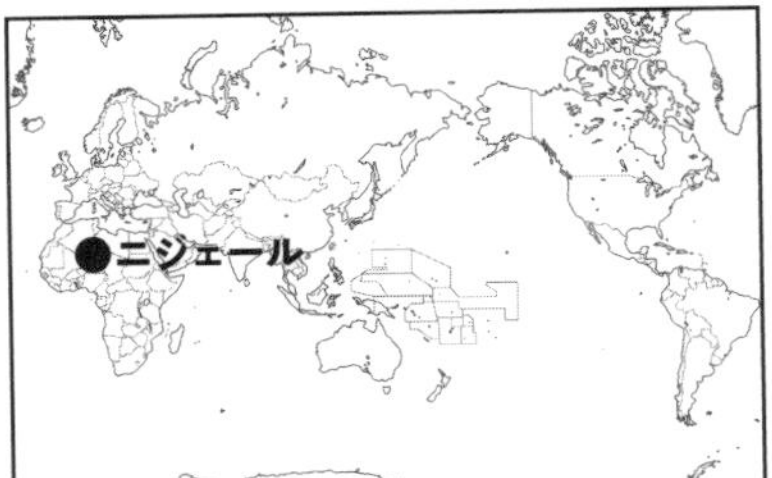

結婚式に出たことがあるならば、花嫁が通路を歩いてくると、男たちがいやらしい目つきで花嫁を（そしてたいていは、花嫁介添人たちのことも）見つめるのは知っているだろう。だが女性たちは、花婿や花婿の介添人たちを流し目で見ているのだろうか？　広大なアフリカ大陸には五四の国があり、そのすべてが、若い男と女が互いに求愛するときの独自の方法をもっている。ほとんどは、小さな親切を施したり、プレゼントを贈ったり、宝石や化粧で相手の気を引いたりといった、世界じゅうの誰もがよく知っているたぐいのものだ。化粧をするのはたいてい女性だが、西アフリカの内陸国であるニジェールでは、ありとあらゆる美容テクニックを駆使して自分を飾り立てるのは男性だ。少なくともウォダベ族の場合はそうで、参加者が男だけというビュー

ティー・コンテストを毎年開催している。

ウォダベ族は、化粧をしてもしなくても、また性別に関係なく、アフリカで最も美しい人種として広く認められている。ときにカメルーン、中央アフリカ共和国、チャド、ナイジェリアを移動するこの遊牧民族にとって、外見を美しくするのは生活の一部となっている。そして一週間にわたるゲレウォール祭りのあいだ、結婚相手としてふさわしい女性の心をつかむために最大限の努力をする。男たちはランウェイを歩いたり天使の翼をつけたりはしないが、それを除けばヴィクトリアズ・シークレット（アメリカのファッションブランド）のファッションショーとほとんど変わらない。

全身を飾り立てて祭りにのぞむ

ウォダベ族の男たちは、背を高く見せるために仰々しい羽根飾りを頭に載せ、裕福に見せるためにたくさんの色鮮やかなビーズを身につける。そして真珠のように白く輝く歯を見せつけようと黒い口紅で唇を暗く染め、アイシャドウをふんだんに塗り、全体の見た目を仕上げるために鮮やかなフェイスペイントを施す（タトゥーやおおげさな表情で見た目をさらに際立たせる）。水着審査は実施されないが、おそらく彼らはそれがあまりにもばかげたものだと判断したのだろう――ミス・アメリカがようやく気づくよりもずっと前に。

ダンスもまた、この祭りの重要な一部だ。化粧した若い男たちが輪になってゆっくりと移動し、独身女性たちは気に入った相手に近づいてその肩を軽く叩く。このダンスはヤーケと呼ばれ、熱い太陽のもと数時間続くことがある。簡素な帽子では、その熱を十分に遮断することができないので、スタミナを補強するために、参加者は発酵した樹皮からつくる幻覚作用のある飲料を大量に飲む。ダンスが終わると、女性はそれぞれ、その晩、その週、あるいはその後の人生を一緒に過ごす相手を選ぶ。真剣な交際に発展するのがふつうだが、必須ではないため、男は一時的な恋人を見つけるか、複数の妻をもつ結果になることもある。あるいは、ほかの誰かに妻を奪われてしまうかもしれない。それは、太る食物を避けて美しくいたいという強い動機になる。

ウォダベ族の女性たちが考える、男性の最も魅力的な身体的特徴は以下のようなものだ。

▼細長い鼻
▼大きな目
▼まばゆいほどの白い歯

男たちがする化粧は、こうした特徴を際立たせるためのもので、祭りのあいだ彼らが常に目を見開き、これでもかと歯を見せて笑うのはそれが理由だ（幻覚を誘発する飲料も、おそらく一役買っている）。ロマンチックな関係はさておき、ゲレウォールはなんといってもコンテストなので、審査員（「勇気」と「忍耐」があるとして、村の長老たちが選んだ三人の女性）は不気味にほほえむ男たちのなかから、勝者を決めなくてはならない。最も魅力的で、ルックスがよく、ダンスが上手な男が勝者として発表される。スティーヴ・ブシェミ（アメリカの個性派俳優）が女装したように見える男は、不満を抱えて一人で家に帰る運命にあると考えたほうがいい。

ウォダベ族はフラニ族という民族の一派であり、そのフラニ族には求愛と結婚に関する独特の慣習がある。正直なところ、それほどおもしろそうには思えない。フラニ族の結婚には三つの段階がある。

1　シャロ。その一部として、夫になる男は大勢の人の前で、ムチで打たれる。痛みのあまり悲鳴をあげたりすれば、結婚は中止される。

2　クーガル。花嫁の父は、持参金を花婿の家族のもとに届ける。また花婿は、家畜の群れの扱いに長けているところを見せなくてはならない。

3　カバルは、結婚式そのものだ。花嫁と花婿のどちらもその場にいなくてもいいという、かなりめずらしい結婚式だ。

結婚式が終わると、花嫁は新居へと向かい、みんなはパーティーで踊る。かなり拍子抜けする終わりかただ。だがこれは、少しでも怖気《おじけ》づいている独身者を締め出すシステムとなっている。

先祖の生き方

ウォダベ族は、西アフリカ最大の民族の一つであるフラニ族の一派だ。この二つの部族は考え方が違う。より正確にいえば、ウォダベ族は遊牧民ではないフラニ族を軽蔑していて、フラニ族はルーツを忘れ、大切な伝統を顧《かえり》みないと考えている。一方、フラニ族の多くもウォダベ族のことを間抜けだとみなして、やはり見下している。ニジェール政府は、主流であるフラニ族の考えを支持し、家畜の遊牧というウォダベ族のライフスタイルを変えさせようと計画しているようだ。ウォダベ族がいまのように国から国へと移動する生活を未来永劫《えいごう》続けられるとは思えないが、その多くが「先祖のやり方」に従いたいという強い願望を述べている。

ブーフェイドの呪い

ウォダベ族の女性は性的な自由を謳歌《おうか》していて、結婚前に複数の相手とつき合うことができる。彼らの文化では外見を非常に重視するので、魅力のない夫をもつ女性が、美しい赤ん坊を生むために、より魅力的な男性と子どもをもうけることが許されている。しかし出産が終わると、話はそれほど寛大ではなくなる。子どもを産んだあと、その女性はブーフェイド(「タブー」

とか「間違いを犯した者」の意）だと宣言され、いきなり社会ののけ者となり、法律上何年ものあいだ夫と話をすることができなくなる。それがいいことかどうかはわからない。男が化粧をすべて落としたあとに、その女性がどうするかしだいだ。

THE KARNI MATA TEMPLE

ウサバ・サンバ祭り

◉ブランコに乗って、ムチで打たれる

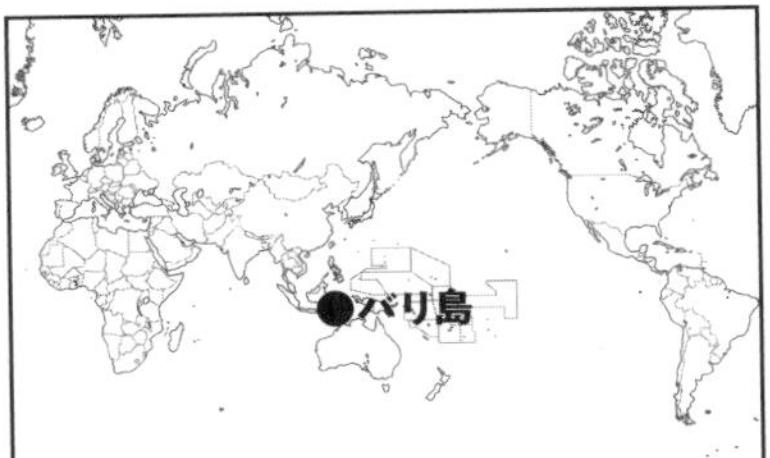

インドネシアのバリ島は、この地域で最も人気のある観光地の一つだ。そして隣のオーストラリアとは違い、人の命を奪おうとするものがいっぱいいるわけではない。コピ・ルアク（ジャコウネコの糞から採れた豆でつくった）コーヒーの産地としても有名で、楽しいビーチに恵まれた異国情緒あふれる熱帯の地で結婚式を挙げたりハネムーンを過ごしたりしたいと望む多くのカップルが、真っ先にあげる行き先だ。バリ島に永住している人たちにとって、結婚への道は、リゾートホテルのシーツの砂をすべて取り除くより、少しばかり厳しいものとなっている。若い男たちは毎年お祭りに参加し、そこで自分が夫としてふさわしいことをお目当ての女性に示すために、互いに棘《とげ》のある植物で容赦なく叩き合わなくてはならないのだ。

ウサバ・サンバ祭りは「バリの殴り合い祭り」として有名で、毎年五月か六月に、トゥナガン・ダウ・トゥカッド村と呼ばれる塀で囲まれた村で行われる。この殴り合いは出血をともなう古くからの慣習で、ムカレカレと呼ばれる踊りと、戦いの技の組み合わせで行われる。棘のある植物は、タコノキとしても知られているパンダンの木だ。パンダンは、食用に適していて、核果と呼ばれるパイナップルのような果実をつける。戦いのあいだ武器として使われる葉には、光合成をするブレードソーのような白い棘が並んでいる。一枚の葉で叩かれても痛くて傷だらけになるので、一〇枚以上束ねて棒にしたもので叩かれるのはさらに大変だ。

ウサバ・サンバ祭りのあいだに行われるこの儀式的な戦いはプラン・パンダンと呼ばれ、ヒンドゥー教の英雄神であるインドラに敬意を表して実施されている（バリ島の住人の大多数がヒンドゥー教徒だ）。言い伝えによると、マヤデナワという名の昔の王が、自分はどんな神よりも偉大だと言い放った。それを聞いた神々は当然ながら快く思わず、インドラ神がこの不敬な支配者を打ち負かしたのだ。人々はその勝利を祝うために毎年植物で叩き合うようになり、それが現在まで続いている。戦いが始まる前に祈りが捧げられ、参加者はトゥアックという発酵した飲料を飲んで闘志を燃やす。棘だらけの棒による攻撃をかわす手段はラタン椰子《やし》でつくった盾だけで、数多くついた傷は、サフラン、ウコン、酢を調合してつくった薬で治療する。審判が気をつけているので大けがになることはまれで、恨みを抱くこともほとんどなく、戦いが終わると全員が一緒になって座り、笑ったり無数についた擦り傷やかすり傷の手当てをしたりする。先ほどまで植物でつくった釘バットで何時間も殴り合っていた人たちだと思うと、それはかなり感動的な光景だ。

男たちがこうして理不尽に肉体を痛めつづけているあいだ、若い女性は何をしているのだろうか？　彼女たちは最高の手紡ぎの絹の衣装を身にまとい、観覧車に似たブランコのような建造物に乗って、くすくす笑ったり、男たちが意識朦朧《もうろう》となるまで叩き合うのを眺めたりしている。このブランコの上下の動きは、太陽と地球の関係を象徴すると同時に、求愛にも一役買っている。いちばん高い位置にきたときに、おそらく女性たちはタコノキでつくった剣を握った男たちが戦っている姿が俯瞰《ふかん》できるはずだ。

この祭りの期間中に行われるもう一つの女性だけの儀式では、娘たちは白い衣装をまとい、森の聖地へ向かって一列になって歩いていく。ツアーガイドの話だと、聖地に着くと娘たちはココナツの繊維を撚《よ》ったひもを互いの髪に編み込んで、自制心と誠実さを養い鍛えるために聖典を読むという。娘たちのこの儀式には、誰かが先の尖った植物で強く叩かれるような部分はない――どう見ても不公平だ。

ほかにもバリ島の若い独身者たちが参加することのできる慣習がある。「キスの儀式」としても知られているオメド・オメダンだ。オメド・オメダンとは「プル・プル」の意味で、正と負の要素の自然な押し引きを表している。この慣習は比較的新しく、約一〇〇年前にバンジャール・カジャ・セセタンの村で起こった雄豚と雌豚の有名な戦いを起源としている。それ以降その戦いを記念して、島全体の独身者が近くにいる人を誰彼かまわず捕まえてはキスし、ほかの島民が彼らにバケツの水を浴びせるという儀式が続いている。多くの人がこの行事に参加して将来の配偶者を見つけるといわれている。棘のある葉でつくった棒で殴られるより、はるかに楽しいのは間違いないだろう。

不吉な史跡

バリ島の村々についてさらに気になることの一つは、ほとんどの村に、きわめて印象的な外観の「死の寺院」があることだ。そうした寺院のなかでも最も立派なのが、モンキーフォレストの奥深くで守護者のマカクに囲まれたアグン・パダントゥガル寺院群だ。プラ・ダレムと呼ばれるこうした寺院は海に面するように、たいてい可能な限り低い場所にある。入り口には、山積みにされた頭蓋骨の上に、最も凶暴で恐れられているヒンドゥー教の神々（シヴァ神、カーリー神、ドゥルガー神、そして魔女ランダ）の恐ろしい像が立ち並んでいる。赤ん坊を抱いた像もたくさんあるが、おそらく考えるのも恐ろしい筋書きを示唆しているのだろう。張り出した目よりもさらに不穏な気持ちにさせるのは、垂れさがった乳房と尖った歯がいっぱいの口だ。

その赤ん坊を落としてはいけない

バリ島の人々は、すべてのヒンドゥー教徒がそうであるように、輪廻《りんね》を信じている。赤ん坊は、一人の先祖の体から直接やってきたばかりの魂をもつと考えられているので、多大な敬意を払われていて、少なくとも三か月は直接地面に触れることは許されない。幼児は小さな神様であって、ニャマバジャンという守護霊が見守っていると考えられている。一定の期間が過ぎると儀式が行われ、両親はお清めを受け、守護霊たちは去っていき、赤ん坊の髪の毛が剃られる（髪の毛は不浄だと考えられているからだ）。それが終わって赤ん坊はようやく地面に触れることが許され、その時点で名前がつけられる。

第4章
仕事

KARAOKE BUSINESS MEETINGS

カラオケでビジネス・ミーティング

◉ちょっとでも音程を外して歌ったらクビだからな

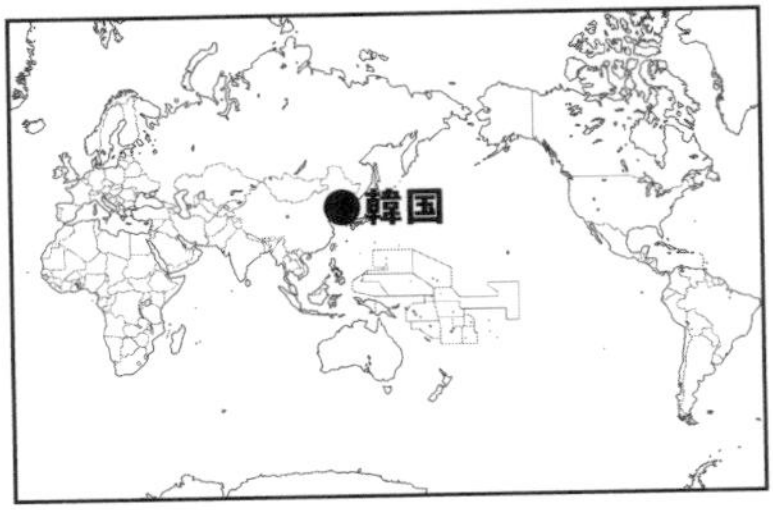

はるか昔から、酒は金銭取引や商談を円滑に進めるための潤滑油として重宝されてきた。取引を首尾よくまとめるには、酒をたくさん飲まなくてはならないが、韓国ほどそれが要求されるところはない。企業の幹部たるもの、ソジュ（韓国の伝統的な蒸留酒の一つ）をありえないほど何杯も飲めるだけでなく、どんなに酔っていてもフランク・シナトラの曲を熱唱できるくらいでないといけない。

首都のソウルをはじめ、朝鮮半島のたいていの都市では、一日の仕事が終わると社員や重役たちがこぞって繁華街のナイトクラブに繰りだし、カラオケを歌って酔っぱらう。その様子は、酒が盛んに飲まれた一九五〇年代以降、アメリカの会社員が目にしてきた光景とは著しく異なる。「アメリカはビジネスをするには『退屈な天国』だが、アメリカ人のライフスタイルは『刺激的な地獄』だ」というジョークが韓国で受けているのはそのためだ。

夜の娯楽がごくわずかしかないような町でも、ノレバン（カラオケバーを意味する韓国語）はすぐに見つかる。そうした場所では、酒がいくらでも飲めるだけではなく、別の種類の不道徳な行為も、店内で手軽に楽しむことができる。韓国の性産業のコンサルタントによると、実はこの乱れた行為の裏には綿密な計算があるという。「あなたが男性で、ビジネス・パートナーと同席している場で何か淫らで罪深いことをしたとします。すると秘密を共有することで、兄弟のように信頼し合える仲になるのです」。想像がついているだろうが、この場合女性は利用される側となることが多い。女性が韓国のビジネスで成功するケースはいまだにまれだからだ（状況は少しずつ改善されているようだが）。

韓国のカラオケは、アイダホ州のボイシーやミネソタ州のダルースのような地方都市の居酒屋が提供する平均的なカラオケとは、少しシステムが違う。韓国では、たいていカラオケルームを一時間五ドルから二五ドルで借りる。部屋の値段は、どれくらい高級か（あるいは粗末か）によって変わってくる。靴を脱いでなかに入ると、おそらくは店が用意したきらびやかな衣装を着る。そしてカタログから歌を選び、曲がかかるまで手元の酒を飲みながら待つ。なかにはあなたの歌を採点する近代的な機器を備えているところもあるので、同席者全員の前で恥をかきたくなかったら、『シェールのグレイテスト・ヒッツ』の演奏に合わせて調子はずれの歌を甲高《かんだか》い声で歌ったりしてはいけない。さらに肉欲の罪に溺れたくなければ、「ヘルパー」と称する肌もあらわな女性たちがはべるバーは避けたほうがいいだろう。

すでに述べたように、韓国の繁栄指数を世界第三五位におしあげた絶え間ない経済発展のおかげで、こうした社会風土は変わりつつある。この発展は、戦争の打撃を受けてから七〇年足らずの国としては、なかなかのものだ。その結果、社会における女性の地位に関する、厳格で保守的な儒教の伝統もまた、急速に変化している。現在のソウル繁華街では、ノレバンと競うようにして、ホストクラブの数もかなり増えている。ホストクラブとは、財力のある女性が、お金を払って魅力的な男性との交流を楽しむ場所だ。たいていカラオケもセットになっている。浴びるようにカクテルを飲むいい機会を提供してくれるからだ。

売春は（男性・女性に限らず）違法なので、ホスト遊びは単に楽しい時間を過ごすだけだといわれている。ある常連客は、ホストクラブについてこう語っている。「ふつうのバーだと、一緒に飲んでくれる男は一つのことしか考えてない。一夜限りの関係よ。でも私は、そんなことは望んでない。だからここに来るの。楽しく過ごしたいから」。一方で、江南区《カンナムグ》にある「バー123」の男性従業員の一人はこう言っている。「ここで働く男たちはプロなので、自分の仕事をよくわきまえている。女性と一時間も話せば、稼ぎがいくらか、仕事は何をしているかがだいたいわかる。性格やどれだけ金を使うかも、その時点ですでに分析している」。そう、世界一古い職業において、男はすでに女と同じレベルに達しているようだ。そうだとすると、女性客はもはや、朝になってふらふらの状態で店を出るしかない。

朝鮮半島で泥酔

韓国のアルコール消費量はどこと比べても際立っている——ウォッカをラッパ飲みするロシア人はその上をいくかもしれないが。いや、やはりそんなことはない。実際に韓国人は、ロシア人の二倍（韓国で最も飲まれているソジュは、ウォッカより若干アルコール度数が低いとはいえ）、平均的なアメリカ人の四倍、酒を飲んでいる。二〇一四年の統計によると、韓国人は平均して週に一三・七杯という驚くべきペースで酒を飲んでいる。映画『アニマル・ハウス』のウォーマー学長が密かに二重の謹慎を課したような男子学生クラブ（フラターニティ）でも、これだけ飲めたら即座に入会を認められるだろう。

ダンスパーティー外交

韓国人にとって音楽が重要なのは、スーパートランプ（イングランド出身のロックバンド）のバラードに合わせて歌うためだけはない。Ｋポップ現象については、おそらく誰もが知っているだろう。韓国政府はポップ音楽を（映画やテレビ番組とあわせて）、アジアで影響力を拡大する手段として積極的に活用している。いまのところこの計画は大成功を収めていて、韓流と呼ばれる流行は、甲高い声と恐ろしいヘアスタイルで西洋を征服する準備をすっかり整えたようだ。

SAUNAS

サウナ

◉覚悟を決めて蒸気を浴びる

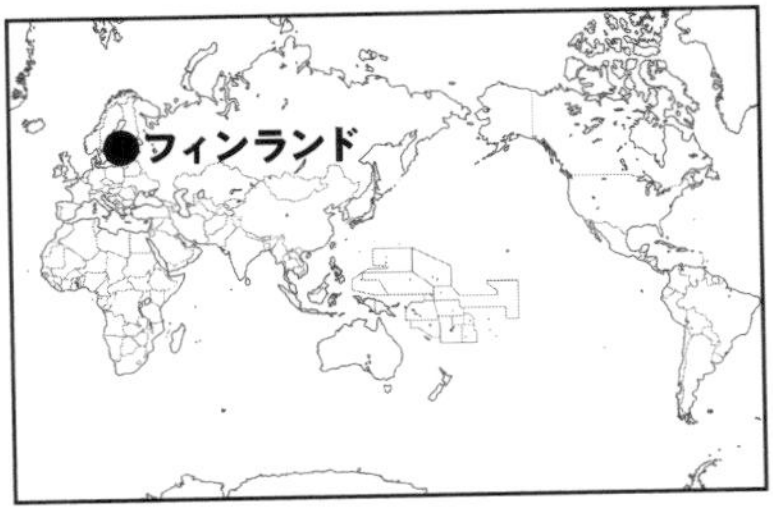

フィンランドは世界で最も寒い——冬の夜の気温が摂氏マイナス三〇度にまで下がるような——場所の一つなので、いかに暖かく過ごすかが国民の優先課題になっているのも無理はない。そこからサウナの発想が生まれ、熱い蒸気に満ちた部屋に入ってリラックスするのが、いまでもフィンランド文化の重要な一部となっている。必然的に、この北欧の国においてビジネスで成功を収めるには、タオル一枚（もしあれば）と光る汗とほほえみだけを身につけて数多くの会議に臨むことを想定し、それに備えなければならない。

サウナが生まれたのは農村で、農民が凍りつくほどつらい毎日の仕事から少しでも解放されたいと思って考え出した。女性には、伝統的に女性用のサウナがある。おそらく、男たちの凍りつくほどつらい仕打ちから、一時的に解放されるためだろう。それ以降、閉鎖された空間でいままで会ったこともないような人たちと一緒に汗をかくのが、フィンランド全土の田舎や国際都市（少なくともフィンランドでは国際都市とされている）に広まった。初心者には奇妙に聞こえるかもしれないが、ビジネスの場でも大いに効果を発揮しているようだ。フィンランドの産業は、ほとんどすべての分野が着実に成長を続けているのだから。

フィンランドの外交にとっては「裸のつきあい」も大切で、世界じゅうのフィンランド大使館のすべてにサウナが設置されている。もしあなたが、半裸の政治家たちを目の前にしてショックを受けるような場所を探しているのなら、ワシントンＤＣにも一つある。とりわけここのサウナ倶楽部は、裸で大量の汗をかいている中年のフィンランド人に囲まれて一晩耐えぬいたゲストに、「サウナのディプロマ」を贈呈することで知られている。いったいサウナは、どれくらい外交に役立っているのだろうか？　元駐タンザニア大使（のちにフィンランドの大統領になった）はこう語った。「高温のなかでは、決断と交渉が速く進みます。サウナが過度の興奮を鎮めて、政治的な食い違いを徐々に解消してくれるからです」

サウナの作法をよく知らないゲストをさらに動揺させるのは、フィンランド人が目の前で行うヴィヒタ（ヴァスタとも呼ばれている）という清めの儀式だ。これは、葉がたくさんついた樺《かば》の木の枝を束ねたもので体を叩く行為で、血行をよくするといわれている。全般的な効果としては、皮膚が赤くなってひりひりするが、屋外にいるような心地よい香りがする。おそらく事前にダニを取り除いておくのが、よい作法だと思われる。そして衛生的な理由で、枝はほかの人と共有しないほうがいい。

いったいフィンランドでは、サウナはどれくらい普及しているのだろうか？ 海外の大使館すべてにサウナを設置するのは出費が大変だと思うかもしれないが、実際にはほとんどすべての家庭にサウナがあるので、二・五人に一人の割合でサウナを所有していることになる。そしてこの統計が示唆する、フィンランド人の半数がサウナに入っているという事実は、もう一つの大きな問題となっている。フィンランドが『二〇一八年世界幸福度ランキング』(ギャラップ社が実施)でトップに立ったのを見ると、その成功に異論をさしはさむのは難しい。これは意外に思えるかもしれない。フィンランド人は、あまり笑わないことで知られている禁欲的な人たちだからだ。長く寒い冬に耐えなくてはならないことを考えると、そうなるのも無理はない。さらにフィンランドは、「パンツドランク」という言葉を生みだした国でもある。これはフィンランド語で、「家で一人、下着姿で酔っぱらう」の意味だ。そんなことを思いつく人たちが、どうしたら世界でいちばん幸福になれるのだろうか？ そこにサウナを組みいれれば、たしかに合点がいく。誰もが互いの無防備な姿を見て、暑苦しいなかで笑い声をあげているところを想像すればわかるだろう。

熱き戦い

そもそもサウナを考えついたのがフィンランドなのだから、世界サウナ選手権がこの国で開催されるのも至極当然のことに思える。この競技は、基本的には我慢くらべだ。どんどん温度と湿度が上昇する環境に、できるだけ長く耐えることのできた選手が勝者となる。摂氏一一〇度から始まり、三〇秒ごとになかの熱い岩に柄杓《ひしゃく》で水がかけられると、賞のランクと耐え難さが徐々に高まっていく。かなり危険に思えるとしたら、そのとおりだ。実際に、二〇一〇年の大会以降この選手権は禁止されている。二人の参加者がひどいやけどを負って、そのうちの一人が死亡したからだ。

世界の蚊の都

フィンランドは、常に雪に閉ざされた地獄のような場所ではない。夏が近づくと、新たな季節の兆しがやってくる。非常に攻撃的な蚊だ。世界サウナ選手権を少し変だと思う人は、活気あるラップランド州のペルコセンニエミという町で開催される「蚊叩き選手権」の話を聞いたことがないのだろう。ルールは簡単で、五分間でできるだけ多くの蚊を叩き潰せばいいのだ。いまのところ記録はわずか二一匹で、これは北欧の蚊がいかに頑強かを示す恐ろしい証拠なのかもしれない。もしそんな夏の過ごし方は絶対に嫌だと思うのなら、毎年八月に中部の都市オウルで開かれる「エアギター世界選手権」にはりついていたほうが無難だろう。

GIFT-GIVING ETIQUETTE

贈答の礼儀作法

◉すべてを書き留めておきたくなるかも

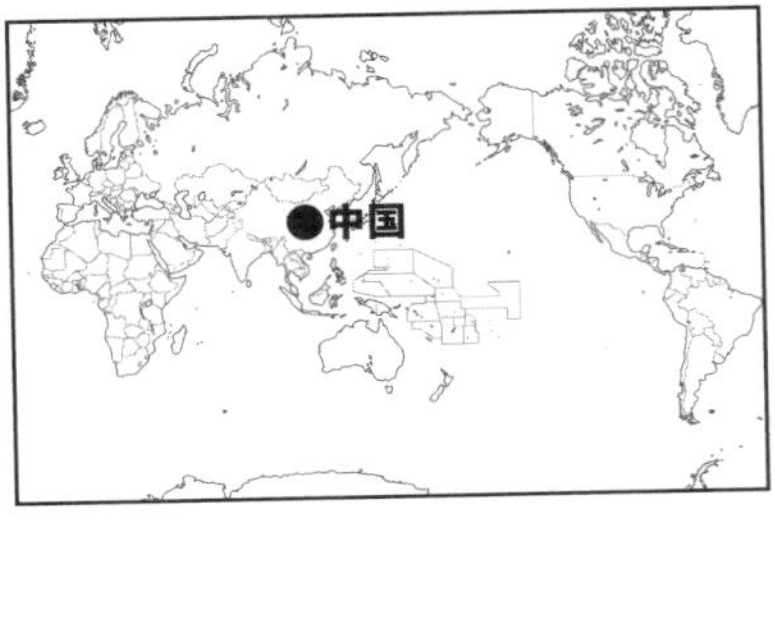

マルコ・ポーロがシルクロードを旅した時代から現代にいたるまでずっと、外国人はどうやって中国と商売をしたらいいか悩みつづけてきた。とりわけ欧米人の場合は、異なる慣習や伝統が理解をいっそう妨げている面がある。ささいなギフトを贈るだけでも、適切な礼儀作法をきちんと守らないと、相手の感情を害する結果となりかねない。たとえば、何かを贈ろうと一度だけ試みても、絶対に受け取ってはもらえない。あなたの贈り物がとんでもなく不適切なものだからではなく（そういう場合もあるかもしれないが）、受け手が礼儀正しくあろうとしているだけだ。つまり、あと何回かは渡す努力をしなくてはならない。

この儀礼の理由は簡単だ。贈り物を受け取る人は、がつがつしているように見られたくないのだ。だから、あと数回だけ穏やかに差し出せばいい――それがパンダの刺繡がついた下品な色合いのセーターでなければ。もし相手がそれでも拒絶しつづけるようなら、脈がないと思って諦めればいい。また、ビジネス・ミーティングにおいて、大勢の人の前で誰かに贈り物をするのは、非常に無礼なことだと思われている。相手がトイレに行くときにあとをつける必要はないが、渡すタイミングを慎重に選ぶべきだ。

万が一、多くの人がいる場に一つしか贈り物を持っていかなかった場合は、必ずその部屋で最年長の人に渡すよう心がける。いうまでもないが、自動販売機の菓子を補充しに入ってきた老人ではなく、その会社の社長という意味だ。敬意を表するために、贈り物は必ず両手で差し出すこと。もし贈り物をもらうことがあったら、同様に両手で受け取るようにする。強欲な人のように、すぐに開けてはいけない。その後すぐに、お礼のメールか電話をするのを忘れないように。

何をすべきかはある程度わかったと思うので、今度はしてはいけないことをいくつかあげておく。まず、ナイフやハサミのように尖ったものを贈るのは避ける。その相手との関係を「断ち切りたい」という暗黙の意思表示になるからだ。次に、数が重要であることを忘れてはいけない。数字の四は欧米の一三にあたる不吉な数で、七三と八四はそれぞれ「葬式」「事故にあう」を暗示している。また贈り物のどこかに二五〇という数字がないように気をつけること。心のなかで相手のことを間抜けだと思っていることを意味するからだ。

それで終わりだと思わないほうがいい。同様に贈るのを避けるべきなのが、女性の靴だ。中国語ではその発音が「邪気」とまったく同じだからだ。ハンカチ、傘、梨を人に贈るのも、永遠の別れを告げる一つの方法なので、それらを贈っていいのは、恋人と別れるときや、宝くじに当たって仕事を辞めるときくらいだ。置時計は不運を意味し、花(特に菊や白い花)は葬儀専用で、真っ黒や真っ白なものも同じだ。鏡は幽霊を引き寄せる。男性に緑の帽子を渡すのは、その人の妻が浮気をしているという意味で、出どころのわからない装飾石には悪霊がびっしりついていると考えられている。

贈り物の包装に関しては、ひもをかけて跳ね返りのない中国結びにする。ただし、死を象徴する黒や白や青のひもは当然ながら使わない。人の名前を赤で書くのも同じ理由で避ける。だから、秘密結社の入会式に巻きこまれたのでもないかぎり、もっぱら赤(幸運)、ピンクか黄色(どちらも幸福の象徴)、あるいは金色(富と繁栄)を使うよう心がけるべきだ。

避けるべきものはほかにもあるが、一日ですべてあげるのは無理だ。ただし、これだけは覚えておいてほしい。害のないただの石ころを送っただけでトラブルに巻き込まれる国にいるのだから、想像力を発揮しすぎたりせずに、ホールマーク(グリーティングカードや小物を販売するアメリカの会社)の中国版のような店に行くのが無難だ。

銃はシルクよりも強し

紀元前一三〇年に中国とヨーロッパの貿易を切り開いたシルクロードは、東洋が提供を迫られた最も人気がある商品にちなんでその名がつけられた(紙や火薬も中国に多大な利益をもたらしたが、「ペーパーロード」ではあまり聞こえがよくない）。だが売買された商品よりも重要だったのは、異なる文化、宗教、言語、科学的知識に触れたことで、それが文明世界の進歩に実際に貢献したのだという意見もある。だがそれを言ったのが誰であろうと、その人は火薬についての講義があった日に授業を欠席したに違いない。

大声と誇り

中国人は、ほかの文化と比べると、公の場で大きな声で話す傾向がある。中国人は自分たちでこのくせを「拡声器気質」と呼んでいる。その理由については多くの説がある。教養のない地方の人々が、いっせいに都会に流入して大声をあげるようになったのかもしれない。あるいは、人が密集していて、交通量が多く、建築が次々と進んでいるので、大きな声で話さないと聞こえないのだろうか。理由がなんであれ、中国人が大声で話すのは実際に見られる現象だ。スイスでは、列車で旅行する中国人観光客に、専用車両に乗るよう勧めはじめたほどだ。

LEFT HANDS AND SHOE SOLES

左手と靴底

◉左利きの人は要注意

外国の人と接するとき、ささいなことで相手を激怒させてしまうことがある。無害な言葉を発したつもりでも、相手の母親を「尻軽女」呼ばわりしているかもしれないのだ。たとえば欧米社会では、食べたり、飲んだり、物を扱ったり、人に触れたりといった日常的な動作に左手を使っても、誰かを怒らせることはない。だがアラブ首長国連邦（ＵＡＥ）のようなイスラム教の国では、見境なく左手を使うのは、トイレから手を洗わずに出てきたり、鼻をほじったり、通りで見つけたネズミの死骸を触って調べたりしたあと、その手で会議前の心を込めた握手を交わすようなものなのだ。

イスラム教の教えでは、左手は不浄であって、使っていいのは……個人的な清潔さを保つときだけだ。念のために言っておくと、歯磨きのことではない。トイレで用をすませたあとにきれいに拭きとる作業のことだ。そう聞くと、ＵＡＥから来た人が、彼らとのビジネスを望む相手が、無頓着に左手で人や食べ物に触れるのを見て少し不快そうにしている理由がある程度わかるはずだ。さあこれで礼儀作法がわかったのだから、気を楽にして会議に臨むことができるだろう。ただし、足を組んで、靴底を交渉相手のほうに向けてはいけない。それは左手の場合と同じように、不潔で無礼なことだと考えられているからだ。

ＵＡＥではほかのイスラム教の国々と同じように、慎み深さが女性だけでなく男性にとっても非常に重要だ。チューブトップやメッシュのバイクショーツ姿で、人前で飛び跳ねるなど論外だが、「ダークスーツに地味なネクタイ」以外の恰好で商談に行くのも勧められない。だが、あなたの服装がその場にふさわしくないものであっても、心配はいらない。誰かが教えてくれるはずだからだ。あまりにも無作法となる場合は、ホテルに戻って着替えるようにいわれてもしかたがない。女性も同様に控え目な服装を心がけるべきだ。ドレス丈は膝下にして、露出度が高いと思われる恰好や蛍光色は避ける。頭を覆うヒジャブは、イスラム教徒でない女性は強制されないが、聖地の近くにいくときのために一つは持ち歩いたほうがいい。

イスラム教に詳しい人にとっては、これらの情報はどれもとくに驚くようなものではなく、私たちはこうした慣習が変だと言っているのではない。だが何を避けるべきかがわかったところで、しても一向にかまわないことに今度は驚くかもしれない。会議の最中に軽食をとるために席を外す、食事のあと爪楊枝《つまようじ》で歯をほじる……たいして影響のないものばかりだが、とまどうことがある。大声で会話をすることもできるが、だからといって騒ぎ立ててもいいというわけではない。騒ぎを起こすと（とくに酒を飲んで不祥事を起こすと）、グレイバー（知らない人のために説明すると刑務所のこと）へ直行となる。

月曜の朝に仕事が始まるのに慣れている企業人は、ＵＡＥでは一週間の仕事始めが日曜日であることを知っておくべきだ。金曜日と土曜日が週末となり、金曜日は伝統的に休息の日とされている。それに慣れるのは簡単に違いないが、欧米人にとって慣れるのにもう少し時間がかかるのが、一般的な挨拶として行われているキスをして鼻をこすりあわせる習慣だ。誰かがあなたの個人的空間に入りこんだとしても、それは親しみを表現する方法にすぎないので、パニックにならないよう最大限の努力をしなくてはならない。後ずさりをしたりすると、無礼だと思われる。女性どうしも同じように鼻をすりあわせる。しかし想像がついていると思うが、あなたが男性ならば、手あたりしだいに女性に近づいて鼻をこすりつけるようなまねはなんとしても避けるべきだ。旅行の残りを、保釈金を送ってくれる人を探して過ごしたいのでなければ。

UAEでは言動に注意すること

UAEでは、ささいなことで怒りを買わないよう気をつけてさえいればいいわけではない。現地の習慣を知らないと、いとも簡単に逮捕されてしまうだろう。だが、現地の警察との揉《も》めごとの多くは、少し常識を働かせるだけで避けることができる。なんといっても中東にいるのだから、男性は人前で異性への愛情を表現したり、女性をじっと見つめたりすることは避けるべきだ。みだりに神の名を口にしたり、人を指さしたり写真に撮ったりすることも、地元警察の注意を引くことがある。Ｔバックのビキニ姿でアブダビの通りを歩くのは、みずから災難を招くことにほかならない。

肝心なのはワスタだ

アラビア語のワスタは、たいてい「権力」とか「影響力」と訳され、人脈と影響力を駆使して目標を達成するという、ＵＡＥの慣習を指す。英語のクロニズムと似ているが、完全に同義ではない。本人の長所や実績には関係なく、縁故主義《ネポティズム》や誰と知り合いかが重要となる。外国人旅行者が縁故主義に関与することはほとんどできないが、現地で金銭的な成功を収めたいと思ったら、人脈と優遇措置に関するこの制度を心にとどめておくべきだ。

CLOSE TALKING

会話が近すぎる

◉バブルがはじけてしまう

アメリカ人は平均すると、相手が見知らぬ人なら少なくとも一・二メートル、友人や家族ならば四〇センチメートル、数少ない特別な人の場合でも三〇センチの距離をとることを望む。かなりの間隔ではあるが、なんといってもアメリカは広大な国だ。だがすべての社会が、肌が触れ合うことにそれほど神経質なわけではない。ブラジルがそのいい例だ（ブラジル人の着る水着を見れば見当がつくはず）。だからもし、あなたがこの南米最大の国でビジネスをしようと思うならば、相手がかなり接近してくるような場面が頻繁にあると覚悟しておくことが重要だ。否応《いやおう》なくそういう状態に遭遇したら、嫌な顔をして後ずさりしたりしないよう、あらゆる努力をしなくてはならない。

ブラジル人と会話をするときに、相手が無邪気にあなたの快適な領域《コンフォート・バブル》に侵入してくるのはまず間違いない。とはいえ、ブラジル人が度を越して積極的だったり無礼だったりするわけではない。相手に近寄るのが彼らの習慣なのだ。ブラジル人は、会話の最中にスキンシップもよくする。極度の潔癖症の人は、パニック発作を起こしてしまうだろう。しかし、伝染病患者に近寄られたかのように後ずさりしたりすると、交渉相手が大いに感情を害してしまう（実際に皮膚病を患っているときを除く。その場合は相手もこうした反応に慣れているはずだから）。そうなると、大口の契約を獲得する望みはごく小さなものになるだろう。

ブラジル人は、やたらと人に接近したがるにもかかわらず、一般的に清潔さをとても気にする。とくに口のなかはそうだ。一日に四回歯を磨くのがふつうで、仕事中に歯を磨いている人を目にするのもめずらしくない。口のなかを清潔に保つことに国民全体がかなり気を使っているので、レストランではたいてい食事のあとにマウスウォッシュが配られる。また、アマゾンの熱帯雨林のすぐ近くに住んでいて、汗で体がかなりべとつくため、ブラジル人は一日に何回もシャワーを浴びることでも知られている（当然、夏は最も回数が多くなる）。日に四回シャワーを浴びる人もたくさんいる。

挨拶するたびに頬《ほお》にキスするのもさることながら（うっかり頭突きをしてしまわないように常に右の頬から始める）、ブラジルに仕事で来た外国人がさらに驚くのは、ブラジル人が取る休暇の多さかもしれない。いったいどうやって仕事を終わらせているのだろうか？　従業員は、一一日の国民の祝日に加えて、有給休暇が年に三〇日あるのがふつうだ。休暇はブラジルの夏にあたる一二月と二月のあいだに取ることが多い。しかし、ブラジル人従業員に休暇を許可する羽目になったら、親指と人差し指で丸をつくるＯＫサインを出してはいけない。なぜなら、ブラジルの文化では、それは中指を立てて相手を侮辱するのと変わらないからだ。社員の休暇申請を拒絶したい気分のときには、いちばんふさわしい動作ともいえるが……。

アメリカが真剣に導入を検討すべき慣習が、ブラジルには少なくとも一つある。銀行内での携帯電話の使用に関する決まりだ。金融取引を行うあいだ、携帯電話での通話は法律で禁止されており、違反者には厳しい罰金が科せられる。そんなときに大声で通話するのは、すごく無作法なことだからではない(無作法なのは確かだが)。実はこれは電話の持ち主のためを思った規則で、銀行を出る際に携帯電話に気を取られて強盗にあわないようにするものだ。似たような法律がほかにもあって、公共・民間の施設に入る前に、バイクのヘルメットのような顔を隠すものは外さなければならない。消防士のヘルメットや、危険物処理班の防護マスクや、養蜂家のフェイスネットなど、明らかにもっと大きな問題に対処するためのものは、おそらく例外扱いされているはずだ。

最後に、ブラジルは世界で最もおいしい料理（シュラスコやアサイーボウルなどなど）をいくつか生んだ国だが、ビジネスランチに参加する前には、飲み物と称する世界一まずいものの一つが出てきた場合に備えて、胃腸をしっかり鍛えておくべきだ。その飲み物とは、アボガドのスムージーだ。ブラジルでは、アボガドは果物として広く認識されていて、あろうことかシェイクやアイスクリームの原料にも使われている。アメリカ人はアボガドと聞くと、トルティーヤチップスをつけるソースのようなものを連想するというのに。私たちにできる最高のアドバイスは、映画『エクソシスト』の豆の場面（悪魔に取り憑かれた少女が緑色の液体を勢いよく吐きだすシーン）を再現してしまわないように、蜂蜜などの何か甘くするものをたっぷりと加えたほうがいいというものだ。

ゴールを愛するがために

自分の好きなスポーツ・チームに対するアメリカ人の情熱がどれほどのものでも、ブラジル人のサッカーに対する愛情に比べたらものの数ではない。ブラジルでは、サッカーはまさに信仰であり、ブラジル人はサッカーに対して独特の見解をもっている。

▼どちらかというとブラジルの選手のほうが華麗だ。
▼傑出した選手は、一流の映画スターと同列にある。
▼ブラジルのサッカーファンの思い入れはずば抜けている（ときどき暴力沙汰にもなる）。

ワールドカップの試合期間中は、誰かが出勤してきたときのために雇用主がテレビを準備しなくてはならないほどだ。

おっぱい禁止地帯

カーニバルのあいだはある程度自由が認められるものの、女性がブラジルのビーチをトップレスで走り回ることは法律で禁じられている。リオデジャネイロに行ってビーチの様子を眺めたことのある人なら断言できるように、きわめて小さなビキニは許されるが、オールヌードになったりすると、大変なトラブルに巻き込まれるだろう。なんといっても、世界最大級のキリスト像（高さが約三〇メートルあるコルコバードのキリスト像）の真下にいるのだから、少しは敬意を表するよう努めるべきだ。

第5章
娯楽

THE FATAL BASANT KITE FESTIVAL

死者も出るバサント凧《たこ》あげ祭り

◉空からやってくる死

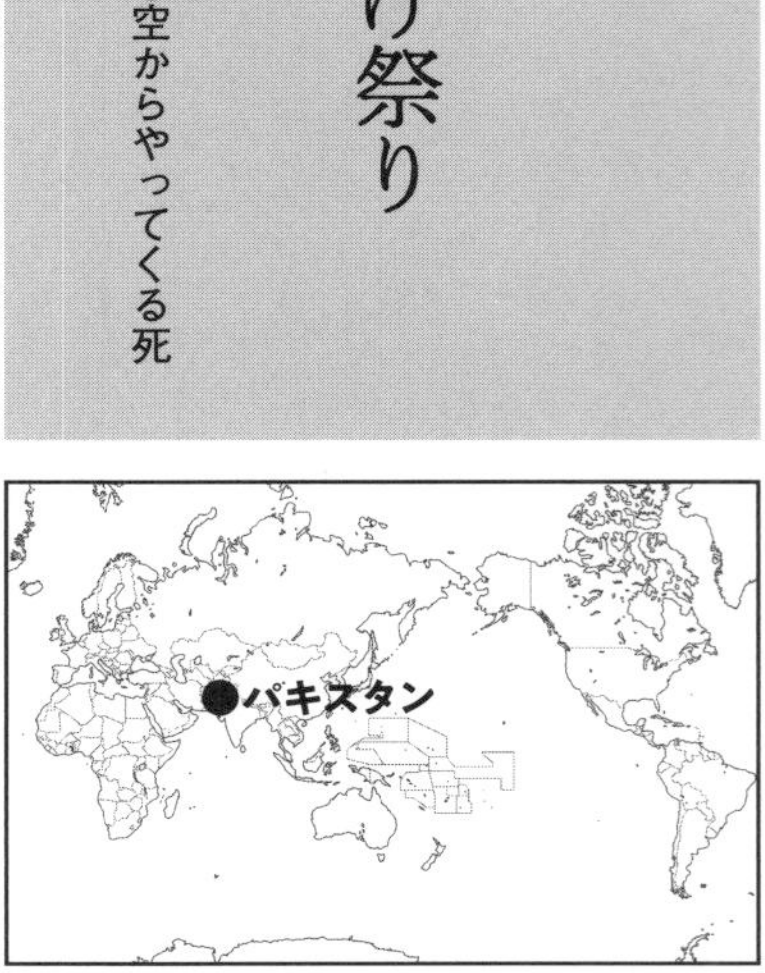

凧あげ祭りというものを知っている人は多いだろう。大人と子どもがそろって地元の公園に集まって凧あげに参加したり、ただ毛布の上に寝ころんでビールを飲んだり、色とりどりの凧が空を舞うのを眺めたり、居眠りをしたり……。パキスタンにも、凧あげを楽しむ楽しさいっぱいの年中行事がある。ただし、パキスタンの凧あげは少し変わっている。毎回たくさんの死者が出るのだ。

パキスタンのパンジャーブ州は、歴史ある「バサント凧あげ祭り」の発祥地だ。毎年一月の終わりか二月の初めに行われるこの祭りは、凧が最初にこの地に伝わった一九世紀に始まり、春の訪れを告げる行事としてずっと続けられてきた（いつ行われるかはヒンドゥー暦によって決まる）。凧あげ祭りの日になると、一般庶民からマハラジャやその家族まで、たくさんの人が「凧をあげよう！」と叫びながら、外へ走って出ていく。だが、凧あげの人気が「流行病」のように高まるにつれて、一部の労働者たちが、凧と拳《こぶし》を使った戦いに興じるようになった。その後、状況はさらに悪化し、凧糸をガラスでコーティングして凶器に改造する人まで現れはじめた。二〇〇五年に九人の死者が出たことで、政府はこの行事の開催を禁止したのだが、人々はその後も法に逆らって殺人凧を飛ばしつづけている。

二〇一六年には、政府の緊急事態管理研究所の所長が「凧あげは危険なスポーツとなってしまった」と語った。凧関連のけが人がその年の一月だけで一〇〇人も、クジャラート州の緊急治療室に運び込まれたのを受けての発言だった。祭りの行われる二日間は危険な状況となり、毎年入院患者数が一〇パーセントから二〇パーセント急増した。死体安置所へ直行した死者は数に入れていない。だがこの「娯楽」のためにどれだけ多くの死者が出ようと、強硬派の人たちは、凧糸を危険な付属物で補強しなければならないという考えを変えなかった。「しかたないだろ？対戦相手の糸を切って試合に勝つためには、こうするしかないんだ」。巻き添えになる人の気持ちを考えてほしいものだ。

こうした騒ぎのなかで見落とされがちだが、毎年恒例のこの祭りでは、郷土料理や遊園地のような乗り物といった、ふつうのアトラクションも楽しむことができる。凧にしたって、罪のない人の血をいつも求めているわけではない。二〇一四年には、H1N1インフルエンザへの注意を促す公共メッセージを伝える凧が多く見られた（特殊繊維製のタートルネックを宣伝したほうが死者を減らせたと思うが)。危険な目に遭うのは、凧糸の行方に注意を払わない人や、愚かにも車のサンルーフから頭を突きだす人だけではない。金属を含む凧糸が頭上の電線と絡みあって、劇的な感電死を引き起こすこともあるからだ。死者は出なくとも、数週間の停電に見舞われるかもしれない。

政府は禁止命令を解く検討をしていて、これを書いている時点で、バサントの凧あげ祭りは復活が決まったようだ。おそらくは激しい議論を経て、パンジャーブ州政府が二〇一九年二月初旬に祭りを再開することを承認したのだ。これは凧や凧糸のメーカーにとっては歓迎すべきニュースだ。二〇〇五年に禁止が決まって以来、彼らは大きなダメージを負っていたからだ。ガラスでコーティングした凧糸にいきなり首をはねられるほどではないにしても。ともかくこの地方は、商業活動の再開と、ホテルやレストランの客が落とす数十億ルピーを期待している。残念なことに、もし全員が安全基準をすべて守ったとしたら、今度は包帯や抗生物質や傷口の縫合にかかわる業界が苦しむことになりそうだ。

凧糸の恐怖

この地域の娯楽である凧の犠牲者は人間だけではない。隣国インドでは独立記念日などの行事を祝うときに、凧あげに熱中する人たちが、ガラスや金属でコーティングした凧糸で、毎年何千羽という鳥を殺したりけがさせたりしている。いまやデリー当局は、マンジャと呼ばれる特殊加工した凧糸の購入・販売・保管を法律で禁止しており、違反した場合は一〇万ルピーの罰金もしくは禁錮五年が科せられる。

戦争のおもちゃを解き放て！

暴力と凧はいつも結びついてきた。古代の中国が凧を発明したときは、おもちゃではなく戦争のための武器を想定していた。発火具や偵察機（糸の長さで距離を計算することができる）や精神的な恐怖を与える道具として使われた凧は、かなり破壊的な（だがときに愉快な）爆撃作戦の一部でもあったのだ。

PALIO, THE WORLD'S DEADLIEST HORSE RACE

世界でいちばん危険な競馬「パリオ」

◉伝統ある競馬

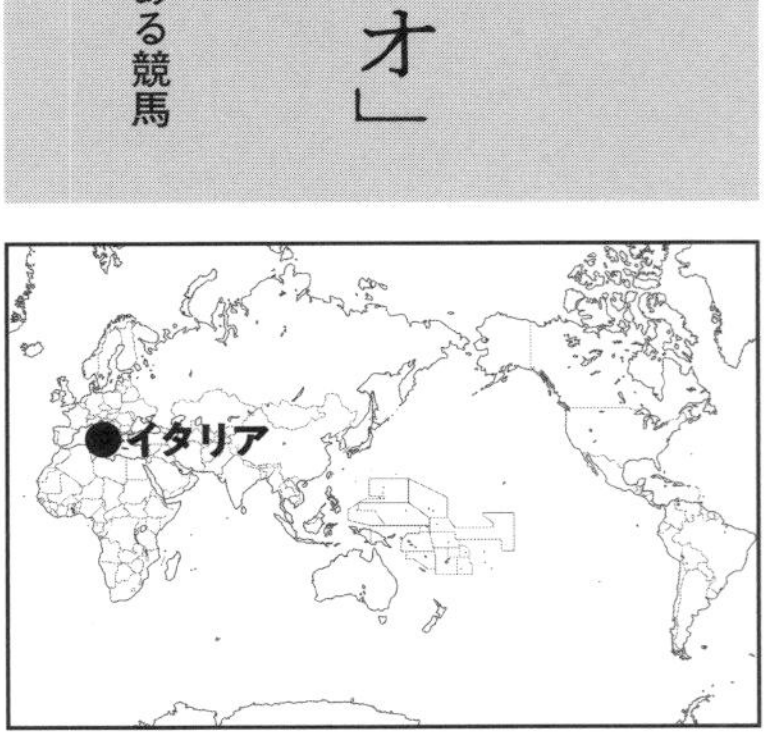

多くの人が、競馬は高尚で権威あるスポーツだと考えている。競馬は「王様のスポーツ」といわれてきた。ケンタッキー・ダービーでは、ばかげた帽子をかぶった裕福な人々がうろつきながらミントジュレップ（ケンタッキー・ダービーのオフィシャルドリンク）を飲むあいだ、小柄な騎手たちが勝利をめざして、手入れの行き届いた高価な馬たちに鞭《むち》を振るう。またドバイ・ワールドカップでは、真っ白な衣装に身を包んだアラブのシークたちが、ミクロネシア連邦のＧＤＰを超える額を賭けている。だがイタリアには、「乱暴さ」と「卑劣さ」を誇る競馬がある。乱暴という点では、多くの騎手が次々と泥のなかに勢いよく倒れ込む。卑劣という点では、誰かがレース後にシャベルとバケツをもって馬糞を拾いにくるのと同じくらい当たり前に、不正行為や裏切りが行われている。

ルール無用、なんでもありの伝統的レース

　世界で最も危険なスポーツ行事の一つと考えられているイタリアの「シエナのパリオ」は、毎年夏に二回開催され、この競技を盛りあげるために多くの趣向が凝らされている。異常なほど短いコース、「鞍なし」のルール、控え目に言っても「過度に熱狂的」な観衆……。これらすべてが合わさって、毎年何頭もの馬が玉突き事故を起こしたり、騎手が押しつぶされたりすることになる。それと同じくらい頻繁に目にするのが、レースの途中で騎手たちが互いに交わす無礼なチンフリック（指先をあごの先でスライドさせる動作）の数々だ。ルールは一つだけで、「ほかの騎手の手綱にちょっかいを出してはいけない」というもの。それ以外は、ほぼ何をしてもかまわない。蹴る、かみつく、つばを吐きかける……何でもありだ。そこに集まった人たちも、多くのことが許されている。

色とりどりのユニフォームを着た騎手たちは、雄牛のペニスを乾燥させてつくった鞭を使い、少なくとも馬の数だけはほかの騎手たちを叩きまくる。騎手にとって容易なレースでないのは確かで、レースの四日前にならないとどの馬に乗るかわからないという事実が、さらに難易度を上げている。明るい面をあげると（少なくとも馬のオーナーにとって）、たとえ騎手がまだコースのどこかで泥まみれになって折れた歯を探していようと、馬がゴールをすれば勝つことができる。もしこの激しいレースが、気味が悪いくらいなじみがあるように思えるとしたら、それはシエナのパリオが、ジェームズ・ボンドシリーズの『００７ 慰めの報酬』のオープニングシーンの背景として使われたからかもしれない。ダニエル・クレイグが、これほどスタントマンを必要とした場面はほかになかった。

パリオは一六五六年に始まったといわれている。聖母マリアの霊が現れたと信じる者がいて、当然それを祝うべきだと考えたのだ。あるいは、一三世紀にローマ兵（馬の代わりに水牛やロバに乗っていた）の訓練演習として始まったのかもしれない。そのどちらでもなければ、三五〇年以上前にトスカーナ大公国が闘牛を法律で禁じたあと、憂さ晴らしのための娯楽として生まれたのかもしれない。起源が何であれ、現在まで残っているおもな特徴は、残忍で無法なところだ。レース開始前の不正な賭けや無節操な裏取引は当たり前で、多くのプロスポーツでは永久追放になってもおかしくない行為をした者にも、何のおとがめもなかった。見物した人によると、レース全体が「イタリアの魂を具現するものだ」という。これは、かなり失礼な物言いに思える。とくに、ベニート・〝ドゥーチェ〟・ムッソリーニが、このスポーツの大ファンだったことを思うと。優勝したチームは、勝利を祝っておしゃぶりをくわえ（いや、本当に）、哺乳瓶に詰めたワインを飲む。幼児のように振る舞うことで、赤ん坊として生まれ変わると考えられているからだ。だが、拉致されたり馬に薬を盛られたりせずに（どちらも過去にあった）、なんとか一等となった騎手にとってのごほうびは、所属するチーム（コントラーダと呼ばれる）の旗を誇らしげに振ることだ。そしてもちろん自慢する権利も手にするが、報酬に関してはそれがすべてだ。だがおそらく雄牛のペニスをもっていれば、いつかそれが役に立つこともあるだろう。

たしかに剣闘士《グラディエーター》からは程遠い

ほかの多くの人とちょうど同じように、イタリアの人々は足の速い馬が好きだ。だがあらゆる種類の動物に対するイタリア人の愛情は、格別なものに思える――少なくとも過去数年のニュースをいくつか見るかぎりは。

▼イタリアは二〇一七年に、サーカスで動物を使うことを禁止した。
▼その前年イタリアは、希少動物の違法取引の犠牲となった動物に保護区を提供した。
▼危険な犬種（アルゼンティニアン・マスティフ）だからというだけの理由で安楽死させたがっていたデンマーク当局の手から、その犬を救い出した。

一つの国が世界の無垢な動物をこれほど気にかけているのを見ると、実に心が温まる。かつてイタリア人が、ペットのライオンに、ごちそうとしてキリスト教徒を定期的に与えていたのと同じくらいにすばらしいことだ。

イタリアは金魚鉢をお払い箱に

イタリア人が大の動物（特にペット）好きであることを示す証拠がほかにもある。二〇〇五年に首都のローマは、「フィッシュ・エンパシー・プロジェクト」の一環として、金魚鉢で魚を飼うことを禁止した。そうした人工的な生息環境では、十分な酸素を供給できず、魚の視力にも影響を与えかねないからだ。さらに、犬を飼う者は定期的に散歩させることを義務づけられた。犬（あるいは猫）を捨てた者は、懲役刑を科せられることもある。刑務所のなかで、殺人者たちに囲まれ、自分をタフに見せなくてはならないときに、罪状を説明するのはさぞかし難しいに違いない。

WIFE CARRYING

奥様運び選手権

◉担いで運ぶ

フィンランドは、奇抜な行動を尊ぶことで知られる国ではない。フィンランドの人々は、気難しく、寡黙で、怒りっぽい、「一〇〇〇の湖のある国」の国民だと思われている。率直に言って、その湖すべてに名前をつけなくてはならないと考えただけでもうんざりする。いったいどうしたら、この北欧の国が、夫が背中に妻を乗せて競争しなくてはならないようなスポーツを思いつくことができるのだろう？　平均的なフィンランド人にしたら、あまりにも不真面目に思える。このまったくばかげた行動の裏には、厳粛で痛ましい歴史でもあるのだろうか？　そう、あるのだ。実のところ三つの説がある。そしてそのすべてが、ハルッコ・ロスヴォ＝ロンカイネン（泥棒ロンカイネン）という名の犯罪者にまつわるものだ。

その言い伝えとはこんな感じだ。泥棒ロンカイネンを頭とする、残忍で強欲な一味は、近くの村々から食料や女性を盗みだすことを繰り返していた。それで、この大泥棒のまねをして、夫が妻を運ぶようになった。次の説は、ロンカイネンとその仲間が、妻を手に入れるために、近場の村すべてから女をさらってきたというものだ。最初の言い伝えとかなり似ているが、やや多くの責任がともなう。三つ目の説は、誘拐に絡んだものだが、同じくらい窃盗の要素も含んでいる。ロンカイネンは、効率よく窃盗を行えるように、一味の者たちに重い袋（生きた動物を入れる場合もあった）を背負う訓練を課した。女性を袋に入れるようになったのは、かまれる危険を少しでも減らしたいという理由らしい。結局、ふざけた蛮行に関するこれら三つの説のどれか、もしくはそのなかの組み合わせが、ギネス世界記録に独自のジャンルをもつ娯楽に育ち、それがヨーロッパ、オーストラリア、北米、香港と、世界じゅうに広がっていったのだ。

エウコンカント（「妻担ぎ」を意味するフィンランド語）で、優勝したいと思うのならば、何らかの巧妙な作戦が必要となる。担ぐ女性に対して、体重を少しでも落としてくれと恐る恐る切りだすのはさておき、競技参加者は運搬戦略を決めなくてはならない。

運ぶスタイルには次のようなものがある。

▼一般的な担ぎ方であるファイアーマンズ・キャリー
▼おんぶ
▼とびきりセクシーなエストニア・スタイル（女性が男性の首に脚を巻きつけ、後ろから男性

エストニア・スタイルで障害物に挑む

の胸にしがみつくスタイル）

水濠《すいごう》、丸太、砂場といったコース上の障害物をどう切り抜けるかも考慮しなくてはならない。これほど多くの障害があるので、勝ちたいのなら、どの作戦をとれば勝てるかをきちんと見定めよう。なんといっても、この競技に優勝すれば、妻の体重と同じだけのビールを栄誉ある賞品として貰えるのだから。

意外なことに、レースのあいだ必死にしがみつく女性は、運び手の男性と正式に結婚していなくてもかまわないという。誰かほかの人の奥さんであってもいいし、独身でもいい。唯一必要な条件は、過去に妻であったか、現在妻であるか、将来のどこかで理論的には妻になりうるか、のいずれかであることだ。女性は、四九キロ以上体重があり、かつ一七歳以上でなければならない。奥様運びのレースで幼児を運ぶのは、ずるいし奇妙だからだ。装備に関していうと、男性はウェイトリフティング・ベルトを装着し、女性は安全帽をかぶることが認められている。緊急事態が起きた場合、おそらく男性は、担いでいる女性を即席のエアバッグにして自分の頭を守るのだろう。

エウコンカントで賞品を手にするのは、足がいちばん速い（そして腰がいちばん頑丈な）者だけではない。ベストドレッサー賞や、「最もおもしろい」と見なされたカップルに贈られる賞もある。この最後の賞をゲットするのは、それほど難しくはないだろう。あなたとパートナーの女性が、喜んで威厳（この競技に参加するカップルにそんなものが残っていれば）を犠牲にすればいいだけの話だからだ。おそらくいちばんいいのは、トレーニングの時間を減らして、コスチュームに労力を費やすことだ。あとは泥にまみれてどたばたと動きまわり、大げさに叫ぶだけで、女性の体重分のビールが入ったジョッキが無償で手に入る。

地球上で最も幸せな虚無主義者《ニヒリスト》

先に述べたように、フィンランド人は、地球上で最も残忍で不機嫌な人たちではないかもしれない。事実フィンランド人は、二〇一八年版の『世界幸福度ランキング』で、前年の五位から順位をあげて一位になった。フィンランドはまた、各国の医療設備、安全保障全般、安全性の現状を評価した二〇一八年度版『トラベルリスク・マップ』で、住むのに最も安全な国の一つにも選ばれている。結局、フィンランド人がいつも気難しいという固定観念は、最初からすべて間違いだったのだ。それとも、外国人がくだらない質問をしてこないよう、調査結果をでっちあげる術にフィンランド人が長けていたのだろうか。

エアギター世界選手権

比較的新しいもので、まったくフィンランド人らしくないと思えるイベントがほかにもある。エアギター世界選手権だ。だが、ヘヴィメタに対するフィンランド人の異常なまでの関心を思うと、ある程度納得がいく。この選手権は、一九九六年のオウル・ミュージック・ビデオ・フェスティバルの余興として始まり、それから人気が高まっていった。現在では、全国エアギター選手権の世界ネットワークがあり、ヨーロッパ、アジア、南北アメリカ、オーストラリアから二〇カ国が参加している。とびきり重要な情報を伝えておく。二〇一八年の上位入賞者は、日本の名倉〝セブン・シーズ〟七海（一位）、アメリカのマット・〝エアリステレス〟・バーンズ（二位）、カナダのダナ・〝ダナザウルス・レックス〟・シーマンだ。上位三名にフィンランド人はいなかったが、少なくともこれで、フィンランド人がイメージどおり不機嫌でいる正当な理由が見つかったことになる。

PUNKIN CHUNKIN'

かぼちゃ投げ選手権

◉産地直送の兵器

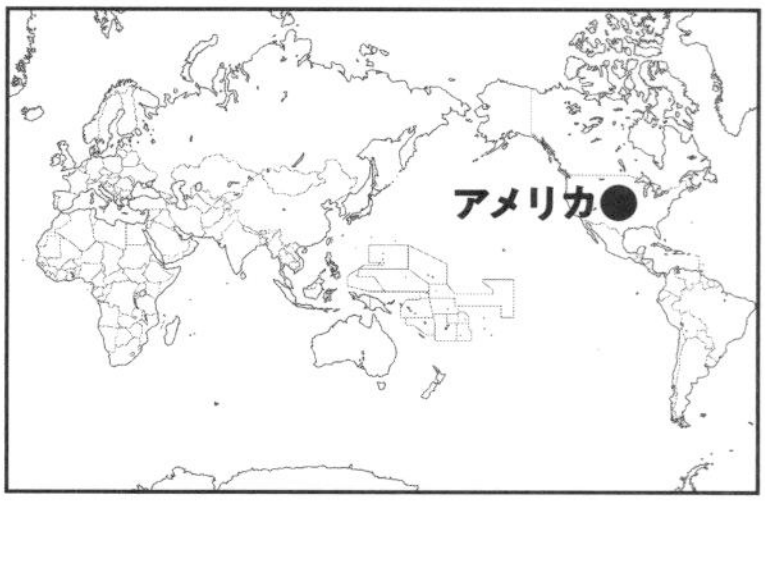

かぼちゃは世界でいちばん人気のある野菜ではないかもしれないが、一〇月下旬にジャック・オー・ランタンに彫られ、パイに焼かれるときには、それなりに評価されている。だがクリームチーズからチリまで、考えられるものすべてに入れられるパンプキンスパイスが、どれだけまずいかはいうまでもない。かぼちゃは食用としてだけでなく、大砲の砲弾としても役にたつ。一九八六年以降の「かぼちゃ投げ世界選手権」で、かぼちゃを空へ打ちあげてきた「裏庭のエンジニアたち」に話を聞いてみればすぐにわかる。こうした人たちは、明らかに科学実験が大好きなのだ。

かぼちゃを打ちあげる兵器には、さまざまなものがある。参加者のなかには、昔風の

大型の本格的な射出機も登場

平衡錘投石器《トレバシェット》や射出機《カタパルト》を使う者もいれば、より現代的な空気大砲《エアキャノン》を配備する者もいる。空気大砲に関しては、「空気」の部分が重要となる。というのも、爆薬や電気の使用は禁じられているからだ。さらに参加者は、もう少し創意工夫を求められていて、これは砲弾と見物人の双方を守るためでもある。その他のルールとしては、かぼちゃの重さは三・六キロから四・五キロのあいだでなくてはならない。『ハウスタッフワークス』（アメリカの商業インフォテインメント・ウェブサイト）によると、空へかぼちゃを打ちあげる装置は、ばね、ゴムひも、平衡錘、圧縮空気、あるいは一人分の人力を使うものでなければならない。そのため、大型ハドロン衝突型加速器のプロジェクトに携わっていて、こっそり粒子加速技術を持ちこもうと考える小賢しい人には、まったくチャンスがない。

かぼちゃ投げ世界選手権に参加を希望する人には、次のようなたくさんの部門が用意されている。

▼空気大砲部門
▼空気大砲・女性部門
▼遠心力部門
▼カタパルト部門
▼ねじり力《トーション》部門
▼トレバシェット部門
▼人力部門
▼人力遠心力部門
▼空気大砲・ユース部門
▼カタパルト・ユース部門
▼トレバシェット・ユース部門
▼人力・ユース部門
▼ユース・一〇歳以下部門
▼芝居がかり部門

これらの部門のどれかで優勝するには、「芝居がかり部門」以外は、投げたかぼちゃが発射地点から最も遠くに着地しなくてはならない。「芝居がかり部門」の場合は、誰のパフォーマンスがいちばんおもしろかったか観客が投票して、勝者が決まる。どのチームも、三日間で三回投げるチャンスが与えられる。史上最高記録を狙う者は、「アメリカン・チャンカー・インク」が打ち立てた一三八三メートルという記録を破る必要がある。「アメリカン・チャンカー・インク」は「ヤング・グローリー・サード」の記録を破り、「ヤング・グローリー・サード」は、それ以前の「修正第二条」「ホルモン・ブラスター」「ビッグ一〇インチ」の記録を塗り替えている。

伝えられているところによると、かぼちゃ投げ世界選手権を考案したのは、ジョン・エルスワース、トレイ・メルソン、ビル・トンプソン、ドナルド・〝ドクター〟・ペッパーという四人の悪魔的な天才たちだ。一九八〇年代に、エルスワースは鍛冶屋をしていて、仲間とともに鉄床《かなとこ》を放り投げてスリルを楽しんでいた。しばらくしてそれに飽きてきたころ、かぼちゃを科学実験に使用した物理の授業に関する記事を読んだ彼らは、そこからかぼちゃ投げ競争を思いついたのだ。彼らが考案したイベントは、やがて一〇〇以上のチームが参加して優勝を争うものとなった。だが二〇一四年には、ロジスティクスの問題から大会が中止となった。そして二〇一五年には、保険会社が保険の適用を拒否した。だがすべての問題が解決され、この大会は二〇一六年に鳴り物入りで再開された。

かぼちゃ投げ世界選手権は十分な注目を集めていたので、二〇一六年までは『サイエンス・チャンネル』と『ディスカバリー・チャンネル』が、このイベントを中心にした番組を制作していた。しかし、かぼちゃを飛ばす圧縮空気大砲の一つが故障して、飛び散った金属片が見物人の女性に大けがをさせてしまった。テレビ番組はただちに打ち切られ、法的な対応も必要となったために、このイベントの将来はすっかり危うくなってしまった。

だが、よい兆しが見えてきた。主催者が、かぼちゃ投げ世界選手権を二〇一九年に復活させようと計画しているのだ。主催者のニュースリリースには、こんなことが書かれている。「二〇一六年の不幸な事故とそれに続く訴訟のあと、私たち非営利組織にとっては、精神的にも財政的にも非常に厳しい二年間でした。しかし、理事会のスタンスは変わらず、会員数も減っていません。こうしたコミットメントと忠誠心があるので、私たちの組織は前へ進まずにはいられないのです」。現時点で彼らに必要なのは、自由に使える広大な土地と、ローマ神話のウリ科植物の神「メロニクルス」が与えてくれるわずかな運だけだ。そんな神はいないが、いてもいいではないか。

どうせ持っていけないのなら、空からばらまくべきだ

デラウェア州では、空から降ってくるのはかぼちゃだけではない。レオナード・マウルという名の釣具店の経営者が二〇二二年に亡くなったとき、彼の最後の望みは、地元ルイスの町の住民に感謝の気持ちを示すことだった。彼がそのために遺書のなかで指定した斬新な方法は、ヘリコプターをチャーターして、上空からルイス・ハーバー・マリーナへ、一万ドルを小額紙幣でばらまくというもの。店に残っていた餌の大ミミズをばらまくよりも、はるかに親切な行為だっ

たのは間違いない。

このかぼちゃの発射は、大量破壊兵器と見なされる恐れがある

アメリカ東海岸のニューハンプシャー州もまた、北米のかぼちゃの歴史に重要な貢献をした場所だ。二〇一八年に世界最大のかぼちゃが記録されたのがここだからだ。ボスコーウェンの町に住むスティーヴ・ゲデスという男が、重さが一二四七キロあるとてつもなく大きなかぼちゃを、ディアフィールドフェアに出品した。ミニクーパー・ハッチバックに相当する重量だ。しかし世界記録にはあと一歩およばなかった。現在の世界チャンピオンは、ベルギー産の一二九〇キロのかぼちゃだ。その重さは、助手席にファッションモデルを一人乗せたミニクーパー・ハッチバックと同じぐらいである。

DEADLY DAMBE

命がけのダンベ

◉釘バットを使わない最高の楽しみ

世界のあらゆる場所で、人々は互いに殴り合う革新的な方法を模索しつづけている。多くの国が、独自の伝統的な格闘技をもっている。日本の空手、中国のカンフー、ブラジリアン柔術、アメリカン・ボクシングのように有名なもの以外にも、それほど広く知られていない格闘技がまだたくさんある。かつては知られていなかったイスラエルのクラヴ・マガは人気が高まっているかもしれないが、多くの人が、マレーシアのシラットや、フィリピンの国技であるエスクリマについては聞いたことがない——これらの訓練はどちらも、世界で最も危険な紛争解決の手段だと考えられるというのに。だがもしあなたが求めているのが純粋な残忍性であるならば、ナイジェリア北部のハウサ族が実践している格闘技に並ぶものはない。なにしろ彼らは……ガラスをまぶし

腕を「武器」にしたまさに命がけの闘い

たパンチング・グローブをつけて相手の顔を殴るのだから。

食肉解体業者と肉屋のあいだで始まったと考えられているこのダンベという競技は、数百年前から行われている。収穫祭、命名式、葬式（おあつらえ向きに思える）などで、ある地域の職人組合が国内のほかの地域からきた組合に挑戦して戦い、殺気立った見物人が脇から声援を送る。かつてダンベは、戦争に備えて男たちを鍛えるのにも使われ、勝利を収めた男たちは妻を手に入れることもできた。だがいまでは、男たちは名誉と名声（いうまでもなく高額な賞金も）を求めて参加している。

ダンベの試合はたいてい三ラウンドで行われる。勝者となるためには、相手の男が血まみれの肉塊となるまで殴らなければならない。こうした暴力には、当然反対する者が出てくる。なかでもアマチュアボクシングのコーチをしているフェミ・ババフェミは、この残酷な殴り合いを見て感じたことをこう語った。「競技者たちは、まさに命を危険にさらしている」。だが実際は、間違いなくもっとひどい。現在のルールではたしかに禁止されているが、少し前までは、競技者は実際にグローブを、樹脂とガラス瓶の破片を混ぜたものに漬けていた。ダンベの世界で、一人の競技者が相手を打ち負かしたときに、「相手を殺す」という表現を使うのはそのためだ。おそらく、当時はただの決まり文句とは限らなかったのだろう。

アメリカン・ボクシングでは、グローブは殴打の衝撃を和らげるものだ。ダンベのグローブは、たとえガラスがなくても、正反対の目的に使われている。実際のところ、グローブと呼べるようなものではなく、布にひもを固く巻きつけて、こん棒代わりにしているのだ。利き手だけにそれをつけて、「槍」と呼んでいる。そしてもう一方の手を「盾」と呼び、何もつけずに、相手をつかんだり押したり、とにかく必要なことは何でもするために使う。片方の脚に、攻撃にも防御にも役立つチェーンを巻くことが多く、もう一方の脚はおもに相手を蹴るために使う。今日見ることができる剣闘士《グラディエーター》たちの戦いのようなものだ。

この競技のあらゆる面に、ダンベの戦闘的な性質が見られる。格闘が行われる場所は「戦場」と呼ばれ、主要な二つの格闘組織のうちの一つは「ダンベの戦士」という名だ。幸いなことに、塹壕のなかの兵士のように泥にまみれて出血多量で死ぬ危険は、以前に比べるとずいぶん減った。いまでは医師がたいてい試合に立ち合い、大惨事が起きないように審判がしっかりと気をつけている。「ダンベの戦士」とそのライバルである「ナイジェリア・トラディショナル・ボクシング・アソシエーション」（「ダンベの戦士」のほうがずっとすっきりした名前だ）が、ダンベを正当な競技にして生計の手段として成立させるには、こうした手順は重要だ。なぜなら、もしあなたが保険代理店の事務所に行って、たとえ四分の一でもダンベで生計を立てていると口にすれば、代理店の社員はまず間違いなくトイレに行ってくると言い訳をして、窓から外に出ると、黄昏《たそがれ》の町に消えていくに違いないからだ。

リュット・トラディショネル

ハウサ族にはもう一つリュット・トラディショネル（「伝統的レスリング」を意味するフランス語）と呼ばれる格闘技があり、これはセネガル、ニジェール、ブルキナ・ファソ、トーゴ、ガンビアなどほかのアフリカ諸国でも見ることができる。日本の国技である相撲と同じで、相手を円形のリングから外へ押し出したほうが勝ちだ（相手の足をとって転ばせるか、四つんばいにさせても勝てる）。さらに相撲と同じく、男の裸がたっぷり鑑賞できる。リュット・トラディショネルと相撲の大きな違いは、アフリカの競技者のほうが、日本の巨大な力士よりも筋肉質で引き締まった体をしていることだ。そう聞くと、慣れない観客があらわな尻を目にしても、あまり動揺しなくてすむと思うかもしれない。

ポイゾン氏がムサングウェの話を聞かせてくれる

アフリカにはもう一つ、ムサングウェと呼ばれる何世紀も前から続く危険な格闘技が、アフリカ大陸の最南端の国、南アフリカ共和国に存在する。基本的には素手による殴り合いだったものを、一九世紀と二〇世紀初頭に西欧諸国で活躍した口髭を蓄えた格闘家たちが美化したものだ。試合は、どちらか一方が戦えなくなるまで続く。だが誰もノックアウトされず、どちらも負けを認めない場合は、手に負えない事態となることがある。ムサングウェの格闘家の一人、チリジ・〝ポイズン〟・ンデヴィナは、そんな事態の一つについて『ニューヨーク・タイムズ』にこう語った。「最も長かったのは一九九八年の試合で、五日間続いた。二人は毎日二時間くらい闘いつづけた。どちらの選手も負けを認めなかったので、観客が村の長老たちを呼び、引き分けにするよう二人を説得してもらわなければならなかった」。再試合が行われたかどうか、あるいはこの二人の選手が完全な非暴力主義者となって一緒に花屋を始めたかどうかについて、ポイズン氏は言及しなかった。

CAMEL WRESTLING

ラクダ・レスリング

◉いちばん難しいのは、ラクダにユニタードを着せることだ

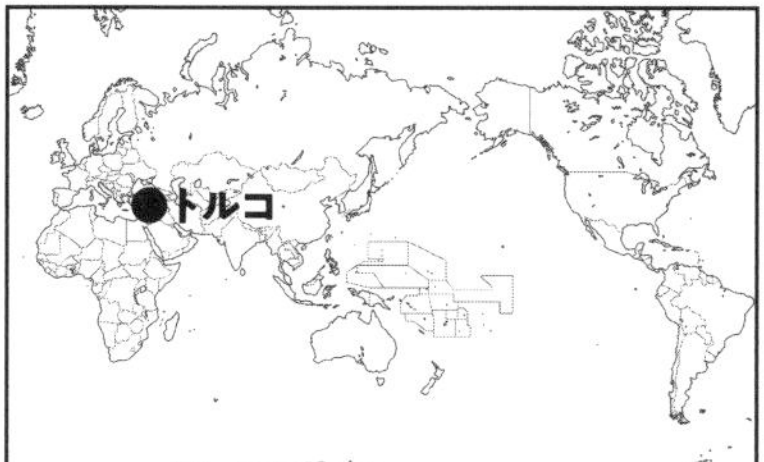

ドウェイン・〝ザ・ロック〟・ジョンソンやハルク・ホーガンを知る人ならよくわかっているように、レスリングはいまとても活気がある。そして、その状態がしばらく続いている。レスリングは、第一回アテネ・オリンピックの主要競技の一つで、古代エジプト（そしてバビロニア）時代の芸術作品には、今日でも使われている技がいくつも描かれている。フランスにある一万五〇〇〇年前の洞窟壁画にも、レスリングを描いたものがある。だがスパンデックス製のコスチュームを身につけた大男たちが、ロープの上から飛び降りたり、大声で叫んだりするのが、世の中で最も変わったレスリングというわけではない。最も変わっているのは、トルコの国民が大事なラクダにやらせるレスリングだ。

ラクダ・レスリングは、トルコで非常に人気のある伝統的なスポーツで、この競技のために特別に繁殖されたトゥルという種類のラクダが使われる。おそらくその起源は、二四〇〇年ほど前の、遊牧民が生きるために動物に頼っていた時代にある。そして、どうやらどたばた喜劇のような娯楽を楽しむためのものだったらしい。現在では、この競技はたいていラクダの発情期に行われている。雄が相手に対してより好戦的になるからだ。

好戦的なラクダの闘い方はたくさんあり、次の三つのいずれかで勝ちが決まる。

▼相手を倒す。
▼相手が尻尾をまいて逃げだす。
▼相手が大きな鳴き声をあげる。

苦しんでいるラクダがあげる鳴き声は、聞く者にとっては凶悪な暴力に等しく、ユーチューブの動画のヤギの叫びが、パヴァロッティのアリアに聞こえてくるくらいだ。

試合前のパレードでは、色鮮やかな胴掛けをつけたラクダたちが、尻尾にポンポン飾りをつけ、種々の派手な装飾品に彩られて闊歩《かっぽ》する（あるいは、ラクダにできる範囲でそれに近い歩き方をする）。ラクダたちは、好戦的な性質にふさわしい名前をもっている。二〇〇〇年にこのイベントに参加した『ニューヨーク・タイムズ』の記者は、サンダーボルト、ファルコン、デスティニー、ブラック・アリ、ジャッカルといった名前を記録していた。最初の戦いを楽しみにするファ

好戦的で大きなラクダのぶつかり合い

ンは、開会式よりもかなり前に集まって賭けをする。優勝したラクダのオーナーは、地元で大きな名声を得る。運命の日がやってきて、気難しいラクダたちが戦いの場に入ってくると、オーナーの友人や隣人たちは、そのラクダが、誰もが欲しがる絨毯を獲得することができるかどうか見守りながら、期待に胸を膨らませる。そう、優勝すると絨毯が貰えるのだ。すばらしい絨毯だ（実際はそれほどすばらしいものではないのだが、それについてはのちほど触れる）。

ラクダ・レスリングの試合に、社会のトップクラスの人たちが参加することはほとんどなく、どちらかというと労働者階級の娯楽となっている。あるファンが『タイムズ』の記者にこう語った。「気取った上流階級は、ラクダ・レスリングには来ない。私たちが本当のトルコ人で、この国を支えているんだ」。だがラクダのオーナーたちは、自由に使える財産をかなりもっていなければならない。飼育や訓練にかかる費用が、試合への参加を決めたことで受け取る二〇〇ドル程度では賄いきれないほど高くつくからだ。優勝賞品にしたってそうだ。あるトレーナーはこう説明した。「絨毯に関しては、すべて機械織りでそれほどいいものではない」

お金はほとんど儲からず、絨毯もたいしたことがないかもしれないが、ラクダをレスリング選手として育て訓練を施す人たちは、金銭的な理由でやっているのではない。誇りや名誉、そしてほかの男のラクダに悲鳴をあげさせる満足感といった、より高尚な目的のためにこの伝統を存続させているのだ。先のトレーナーは、さらにこう続けた。「それが、祖父や曾祖父が私たちに残してくれたものを受け継ぐということです」

だから、動物愛護運動家が、この競技をすべて中止するよう何らかの方法でトルコ政府を説得でもしないかぎり、ラクダ・レスリングは存続するだろう。正直なところ、「動物の倫理的扱いを求める人々の会」（PETA）には、関心を寄せるべきもっといい対象がおそらくあるはずだ。ラクダがけがをすることはまれで、いかなる残酷な目にあうこともないように思われる。ラクダ・レスリングは、動物が八つ裂きにし合うのを見て観客が声援を送る闘鶏のような血なまぐさい競技ではない。むしろ『三ばか大将』シリーズの短編映画に近いもので、暴力は一見すると激しいが、実際にけがをする者はおらず、誰もが笑っている。そしてカーリー役を演じるのが、サンダーボルトという名の変わった外見をした動物なのだ。

トルコはオイル・レスリングが好き

トルコには、毎年行われるレスリングのイベントがもう一つあり、そこではヒトコブラクダや、喧嘩腰のフタコブラクダの決闘が行われることはない。オイル・レスリングの起源は、古代シュメール・バビロニア時代にさかのぼる。現在はトルコの国技となっているため、非常に真剣に取り組まれている。それぞれの選手は、クスベットと呼ばれる革のズボンをはく。狙うのは、相手のズボンをつかんで投げ倒すことだ。この競技をいっそう難しいものにしているのは、その名からも想像がつくように、全員が安物のピザよろしくオイルまみれになっているという事実だ。

警告的なラクダの話

ラクダは人や物を乗せて長い距離を移動したり、人間の娯楽のために戦わされたりするだけが能ではない。ラクダはもともと乳を搾るために飼いならされた動物だ。苛酷な環境のなかでラクダが生きることを可能にしている良質なものを、そうした環境に暮らし、質のいい乳を望んでいた現地の住民が、簡単に手に入れることができるようにしたのだ。またラクダは怒りっぽく、トルコ人が最初にラクダを戦わせようと思い立ったのは、おそらくその激しい気性のせいだ。だから、上に乗ったり、乳を搾ったり、その他いかなる目的であっても、ラクダを一頭飼うのならば、インドのラージャスターン州の男性の二の舞にならないよう、十分大事にしなくてはいけない。この男性は二〇一六年に、飼っていたラクダをあまりにも長い時間炎天下に放置したために、怒ったラクダに頭を食いちぎられてしまったのだ。

FINGERHAKELN

フィンガーハーケルン（指綱引き）

◉ワン、ツー、スリー、フォー——私は外傷後関節炎の診断を下した

おもに指を押したり引いたりして行うスポーツ（いうまでもなく「プル・マイ・フィンガー」［自分の指を引っぱらせて、そのタイミングで放屁するいたずら］はその一つだ）は、子どもだけがするものだと思うかもしれない。指相撲やじゃんけんのような遊びは、おもに世界じゅうの子どもたちのあいだで人気があるからだ。だが、中央ヨーロッパの国オーストリアのアルペン地方では、指を使った競技がひどく真剣に行われている。より正確にいうと、指綱引きだ。無害な子どもの遊びとは違い、この指綱引きは競技者たちの手をだめにしたり、一生残る傷を負わせたりすることがある。

フィンガーハーケルンと呼ばれる、オーストリア（そしてドイツ南部）の指綱引きは、その昔チュートン（ゲルマン）民族の紛争解決の手段として始まった。そしてその後、意思と指の強さ

を組織的に競う手段へと発展し、男たちはオリンピック並みに訓練に励むようになった。毎年バイエルン州で、選手権が開催される。ルールは次のようなものだ。「フッカー」と呼ばれる二人の男（必ず男性で、レーダーホーゼン［バイエルン地方の伝統的な革製半ズボン］姿が必須のようだ）が、頑丈なテーブルに向かい合って座り、指を革ひもに掛ける。親指以外のどの指を使ってもかまわない（だが玄人は中指にこだわる傾向がある）。監視人がスタートの合図となる「バイデ・ハクラー、フェアティヒ、ツィート！（二人とも、さあ引っぱって！）」という掛け声をかけると、両者がテーブルの向こうの相手を思いっきり引っぱろうとする。いうまでもなく、これは精神的な負担が最も大きい運動競技ではない。

　指が変形してしまう可能性については、先に簡単に触れた。今日の参加者は、テニスボールを握りつぶしたり、軽いウェイトを持ち上げたり、一本指で懸垂《けんすい》をしたりして、指を鍛えている。長年フィンガーハーケルンに参加している者は、自分の全体重を一本の指で支えるといった、力強いパフォーマンスを見せることで知られている。日々の厳しい訓練には、痛みに対する耐性を鍛える練習も含まれている。厄介な脱臼や指の骨折はよくあることなので、これは必要な訓練だ。何年も競技を続けている選手の手は、行き交うセミトラック・トレーラーの車輪の下で何十年も押しつぶされつづけたような状態になるかもしれない。エミル・ライトマイヤーという三〇歳になるフィンガーハーケルンの熱狂的ファンは、『バーベンド・コム』の記者にこう説明した。「指に分厚いたこをつくる必要があります。そうしないとけがをして大変な痛みを感じるからです。皮膚が薄いとすぐに剝がれてしまい、腱《けん》が切れて、関節が外れてしまいます。摩擦を減らす

負傷者続出、 酒場の真剣勝負

ために、マグネシウム・パウダーを使うのを忘れないこと。指を保護するために認められているのはこれだけです」。太い指をもっているのも有利に働く。太い指のほうが、革ひもをつかみやすいといわれているからだ。

ベンチプレスで、危険なほどのウェイトを乗せたバーを持ち上げる重量挙げのように、フィンガーハーケルンの試合にも、必要な監視人（アウフフェンガーと呼ばれる）がいて、勝者と敗者のどちらも、テーブルに衝突したり、後ろでビールジョッキを手にしている観衆のなかに飛びこんだりしないよう気を配っている。知るかぎりでは、女性部門はない。厳密にはフィンガーハーケルンの試合に参加することを禁じられているわけではないが、女性が実際に競技に参加しているのを見たことは一度もない。これは指綱引きが、同じ女性に言い寄る農夫たちにとって、できるだけ子どもっぽく振る舞う手段だった時代の名残だと考えられている。ほかの格闘技と同じように、競技者は身長と体重によって、いくつかの部門――ライト級、ミドル級、ライトヘビー級、ヘビー級――に分かれて戦う。フライ級やフェザー級がないのは、消費される膨大な量のラガーと関係があるのかもしれない。

フィンガーハーケルンが、国際的な人気という点で、アメリカンフットボールやサッカーを、そしてカーリングさえも上回ることはなさそうだ。それに、オーストリア人でもドイツ人でもない参加者は一人もいないだろう。だがアルプスの高地では、フィンガーハーケルンの人気はいまだ根強く、それは今後も変わらないだろう――どこかのおせっかいな人物が、この地方の男は全員が変形性関節炎を患《わずら》っていて使いものにならないと騒ぎ立てないかぎりは。

あなたはクランプスのパレードで、町いちばんのレディとなるだろう

アルペン地方のオーストリア人が、いかにして子どもの遊びを不快なものにして楽しんでいるかを示すもう一つの例が、クランプスの行進だ。クリスマスシーズンになると、町の人たちは恐ろしい仮面をつけて、半分ヤギで半分悪魔の姿をしたペルヒタを祝福する。言い伝えによると、ペルヒタは、聖ニコラスについて回って悪い子どもにお仕置きをする。対象となるのは、お仕置きをされて当然の悪い子どもたちだ。この怪物の行進は、子どもたちにクリスマスの本当の意味は「恐怖」だと教えるだけでなく、儲かる観光スポットにもなっている。そしておそらく、ホラー映画の特殊効果アーティストたちに技能を磨く場を提供している。

空気に漂うロマンスの香り

オーストリアのいくつかの地域では、どういうわけか求愛の行為を、多くの人が不快に感じるような大がかりな見世物に変えている。この国のいくつかの農村部では、若い娘がリンゴのスライスを脇の下にはさんで、儀式的な踊りに参加する。リンゴが汗にまみれていい感じになると、娘は求婚者として最もふさわしいと思う相手にそれを手渡す。もしその青年が、娘の恋心に報いる気持ちがあれば、そのリンゴを食べる。汗を拭きとるのは、おそらく無礼だと見なされる。ましてや、そのリンゴを狩猟の旅にもっていって、アナグマをおびき寄せる餌として使うのは、娘に対するいっそうひどい侮辱となるだろう。

BUZKASHI

ブズカシ（ヤギつかみ）

◉栄光のために首のないヤギを奪い合う

アフガニスタンは、奇妙な口髭をはやした男が一九三六年に開催したベルリン大会からずっと、オリンピックにトップアスリートを送ってきた。にもかかわらず、国際的レベルのスポーツ選手を生みだす国とは認識されていない。たしかにアフガニスタンは、多額の資金をスポーツにつぎ込んだことはないが、近年二つのメダルを獲得した選手が、少なくとも一人いる。二〇〇八年と二〇一二年に、テコンドーで銅メダルを勝ち取った、ロフラ・ニクパイだ。クリケットがアフガニスタンで最も人気のある娯楽だといわれているので、もしクリケットがオリンピック種目となれば、アフガニスタンが獲得するメダルはもう少し増えるかもしれない。そしてオリンピック委員会が、馬に乗ってヤギの死骸を奪い合うという、アフガニスタンの伝統的な国技を正式種

目として認めれば、アフガニスタンは今後一〇〇年間、四年ごとに金メダルを獲得することになるだろう。

ブズカシは、たいがいは「ヤギつかみ」と訳され、何世紀にもわたって中央アジアの平原で行われている娯楽だ。ポロによく似ていて、違うのはマレットを使わないことと、頭と内臓を取り除いたヤギをボール代わりに使うことだけだ。ヤギの死骸をつかんだままゴールラインを越えると勝ちとなる。そのあいだずっと、馬に乗ったほかの選手たちは力ずくでヤギを奪い取ろうとする。冬がブズカシのシーズンで、金曜日にはたいていどこかで試合が行われている。いつからかはわからないが、絶大な人気を誇る観戦スポーツとなっている。日曜にアメリカンフットボールの試合を見ながら一週間の計画を立てる人がいるのとよく似ている。唯一の違いは、先に述べたように、放り投げるのがアメリカンフットボールのボールではなく、頭を切断されたヤギの死骸だという点だ。

かつてのブズカシは、内臓を取り除いた家畜を犠牲にして楽しむ娯楽というだけではなかった。戦争に備える手段でもあったのだ。馬が絡むスポーツは、チンギス・ハーンの軍隊のような騎馬軍が大暴れした時代に、戦争の準備と相まって行われた。それは完全に理にかなっている。男の勇気と狡猾さを効果的に試すことのできる競技は、ほかにそうないからだ。ブズカシの試合の勝者は、尊敬すべき「チョパダース」として知られ、サッカーファンにとってのクリスティアーノ・ロナウドや、ニューイングランド地方におけるトム・ブレイディ（ＮＦＬクォーターバック）と同じくらい、地元で崇拝されている。ブズカシのチャンピオンは、ほかの競技と同じように、プロのスポーツ選手であり、生涯をかけてそのスポーツに打ち込み経験を積む。そして、不運なヤギの血を少しばかり浴びることもある。

つかみにくいヤギの死骸をめぐって争うこのスポーツには、実はかなりの駆け引きがあり、さまざまな装備も必要だ。残りの人生を、足を引きずったり、脳震盪を繰り返したりして過ごしたくなければ、ブズカシの選手は次のような装備を身につける必要がある。

▼ヘルメット
▼分厚い外套
▼すねを鞭から守る防具
▼ニーパッド
▼頑丈な革製ブーツ

さらにブーツは、選手が体を横に傾けてヤギをかっさらうことができるよう、馬具にしっかりと固定できる特別なかかとがついたものが必要だ。

念のために言っておくと、鞭は馬を奮い立たせるためだけに使われる。なかには数日間続く試合もあるが、鞭を使って相手に攻撃をしかけたりすれば顰蹙を買う。馬についていえば、やはり広範な訓練が必要で、想像以上に多額の費用がかかる。なかには、厩舎《きゅうしゃ》に一〇万ドルを超える馬をもつことで知られる部族軍長もいる。こうした費用は、法外なものとは見なされていない。バ

生け贄はすでに死んでいるが……

ルク州のブズカシ連盟の会長であるモハマド・シャリフ・サラヒは、その点についてインドの新聞『ザ・ヒンドゥー』の記者にこう説明している。「ブズカシに出場する見込みがある馬は、一〇〇頭に一頭しかいません。すべてが、馬の強さと回復力にかかっているからです。馬は言うことをよく聞き、落ち着いて行動するよう訓練されていますが、自由にさせればほかの馬たちを飲み込みます」。文字どおりの意味ではないと思うが。

ご推察どおり、平均的なアフガニスタン人にとっては、こうした馬はとてつもなく高価なものだ。その費用を相殺するために、馬の乗り手は、裕福な個人や成功している企業と組んで、ほかのスポーツでも見られるようなある種のスポンサー契約を結ぶ。理論的には、もしクンドゥーズの「スピンザール・コットン・カンパニー」の資金で馬を買ったならば、カブールの「ガズニー・ウール」製のコートを着ているところを、アフガニスタンのパパラッチに撮られないよう気をつけたほうがいい。

銅メダルで十分なときもある

オリンピックでメダルを獲得した唯一のアフガニスタン人となったことは、ロフラ・ニクパイに幸運をもたらした。一九八七年に生まれ、内戦のあいだは難民キャンプで育ったニクパイは、テレビで観たカンフー映画に影響を受けて、武道に人生を捧げようと決心した。そして二〇〇八年の北京オリンピックで銅メダルを獲得すると、国民的英雄となり、当時の大統領ハミド・カルザイが、家と車とその他の高級品を無償で提供してくれた。戦争の被害者として暮らしていたころには、夢にしか見られなかったものばかりだ。寄せられた称賛に対するニクパイの対応は、感動的で無欲なものだった。「三〇年も戦争状態のわが国に、このメダルが平和へのメッセージとなってくれることを希望する」

ムハラムの追悼

宗教は、多少の流血をともなうアフガニスタン文化の、一つの重要な側面だ。イスラム暦の最初の月に、シーア派のイスラム教徒の多くが「ムハラムの追悼」に参加する。この行事は、ムハンマドの孫の一人が戦いで命を落としたことを追悼するためのものだ。この儀式の一環として、男たちは自らを剃刀やナイフをつけた鎖で激しく打ち、剣で頭に傷をつける。これは、殉教者フセイン・イブン・アリの死を嘆くための行為だ。公共の場でおびただしい血を流すことを、激しく非難する聖職者もいれば、力強い支持を表明する聖職者もいる。

THE SONGKRAN FESTIVAL WATER FIGHT

ソンクラーン水かけ祭り

◉新年に明るくずぶ濡れになる

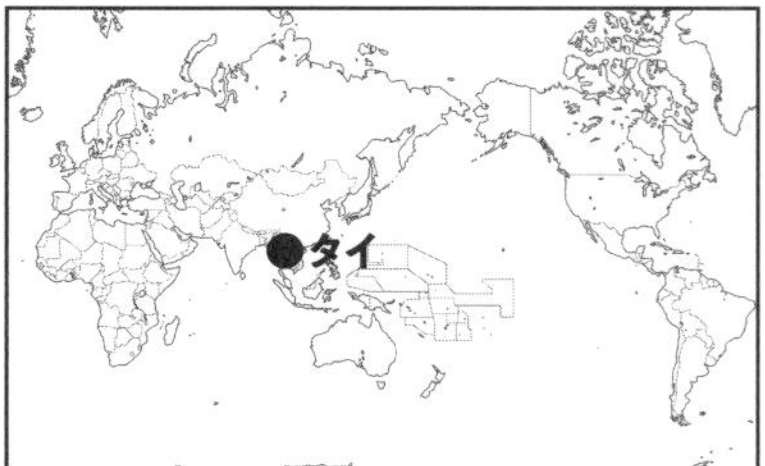

ソンクラーンとして知られるタイの伝統的行事は、宗教的な祝祭にしては楽しすぎるように思える。信仰心を示す行事のほとんどが、厳しい規則をともなう厳粛な行事であるなか、この古くからの慣習は、どちらかというと、汗まみれの子どもが七月半ばに考え出したもののようだ。その起源は七〇〇年以上前にさかのぼる。当時は、人類の歴史のなかで、宗教が「くつろぐ」「浮かれ騒ぐ」「楽天的になる」といった言葉とはほぼ無縁だった時代だというのに、ソンクラーンは基本的には町をあげての水かけ合戦だ。

好都合なことに、ソンクラーンは夏季に開催されるので、家から出て祭りに参加するよう人々を説きふせるのはそれほど難しくない。水のかけ方については何の制約もなく、バケツから水鉄

蒸し暑い夏季の楽しみのひとつ

砲、水風船まで何でもありだ。象の鼻だって、水を散布する道具として使われる。それ以上に強力なものは、なかなか思いつかない。放水銃のたぐいが使われるのは、おそらく暴動鎮圧のためだが、もし使われているところを目にしたら、お楽しみの時間は終わりだと思って間違いない。ともかく、この広範囲での水かけ合戦は、朝から始まり、夜遅くになって、ようやく人々が体を乾かすために穏やかに家に帰るまで続く。

「ソンクラーン」という言葉そのものは、「通過または移動」を表すサンスクリット語で、占星術における太陽の位置の変化について触れたものだ。厳密にいえば、この移動は毎月起こるが、誰もが祝うのは正月前後だ。どの文化でもそうだが、おそらく浮かれ騒ぐには正月が最適だからだろう。気にする人のために言っておくと、正月は、太陽が十二宮図のなかで魚座宮から白羊宮へ移動する時期だ。そんなこんなで、祭りは三日間続き、そのあいだはどこもかしこも水浸しになる。初日の四月一三日は、「マハ・ソンクラーン（あるいは大ソンクラーン）」と呼ばれている。二日目は「ワンナオ」で、旧年から新年へ移行する日だ。そして最終日の四月一五日は、「ワンタロニエソク」と呼ばれ、これは「新しい時代を始めるために」を意味する。こうした新年の行事のあとの二日酔いは、かなりひどいものだと覚悟しなくてはならない。なんといっても、七二時間続く飲みながらのどんちゃん騒ぎに、びしょ濡れになった不快感が加わるのだから。

この祭りがどうしてこのような独特な形で行われるのかを知るには、タイの国民が、僧侶に対して特別な方法で感謝の意を表していた昔にさかのぼらなくてはならない。昔の慣習では、僧侶に貢物や食べ物を捧げなければならなかった。さらに、お清めの儀式として僧侶に聖なる水をかけた。そして儀式が終わると、人々はその水が祝福を受けた水だと考え、それを集めて互いにかけ合うようになった。その後月日がたってそうこうしているうちに、いまでは国民の祝日となり、町中がおおっぴらに水かけ祭りに参加するようになったのだ。

もしソンクラーンの期間に観光客としてタイを訪れることがあったら、最初にすべきことは、防水のバッグ（地元の店で簡単に手にはいるような）を買うことだ。そして水鉄砲（あるいはもっと射撃能力の高いもの）を買ってソンクラーンに参加すると決めたら、絶対に人の顔に向けて発射してはならない。冷たすぎたり熱すぎたりしない水を使うべきなのも、経験則から言って間違いない。怒った群衆に殴られたくないと思っている人のために、決まり事をもう一つあげると、赤ん坊、高齢者、僧侶には水をかけないようにする。だが、先方が先に攻撃をしかけてきた場合は話が別で、いくら反撃してもかまわないといわれている。ただし、どっちが先に攻撃したのかを証言してくれる証人を確保するのを忘れないように。

キングスカップ・エレファント・ポロ

タイの国技といえばムエタイかもしれないが、もっと大規模な（それと数多くの牙や大きな鳴き声をともなう）競技が好みならば、エレファント・ポロに勝るものはない。エレファント・ポロは、ふつうのポロと要領は同じだが、果敢な厚皮動物《こうひどうぶつ》に乗って行う。そしておそらく、もっと長いマレットを使う。キングスカップ・エレファント・ポロは、タイおよびネパールとスリランカで年に一度開催される、象による競技会の三冠レースのようなものだ。だがより正確にいうと、開催されていたのだ。残念ながら、動物虐待の訴えがあったことでスポンサーが撤退してしまい、キングスカップは二〇一八年に中止が決まった。しかし主催者側が、今後の象の扱い方を改善すると誓ったので、いつの日かふたたび、顔にホースをつけた巨大で皺だらけの不死鳥《フェニックス》のごとく復活するという希望がいつまでも湧いてくる。

プーケット・ベジタリアン・フェスティバル

タイは、誰もが好きな形で自由にお祈りができる国だ。だが毎年恒例のベジタリアン・フェスティバルには、多くの外国人たちが、公衆の面前では禁止してほしいと願うような要素がいくつか含まれている。この九日間の行事は、プーケット地方で行われる。注目に値するのは、肉の入っていない料理や菜食主義とは何の関係もない部分だ。参加者のなかには、神とつながることのできる霊能者になるために、頬や体のほかの部分にナイフや剣やその他の先の尖ったものを貫通させる者がいるのだ。このお祭りで死者が出たことは知られているが、意外なことに失血死ではなかった。最後に死者が出たときは、危険を考えずに爆竹を使ったのが原因だった。それを目撃するのは、顔にナイフが突き刺さっているのを見るより、もっとしんどいかもしれない。

FESTIVAL OF THE STEEL PHALLUS

かなまら祭り

◉あなたが思うほど変な祭りではない

「かなまら祭り」と呼ばれる日本の伝統的行事は、競技大会でもなければ、大衆の娯楽に特化して行われるものでもない。もっと現世的な、崇拝の一つの形なのだ。だが、この祭りがもつエンターテインメント性を否定することはできない。毎年四月の第一日曜日に、神奈川県の川崎市が、男性器に関する祭事を主催する。地元の人や遠くからきた観光客が一緒になって、男性の身体で最も敏感な部分を模したピンク色の巨大な金属製の模型を囲んで行列をつくり、男根を崇《あが》める特別な神社まで付き添っていく。皆さん、壮大で尊厳のある「かなまら祭り」へようこそ！

この祭りは、泌尿器に関係するだけでなく、霊的な面もある。神様に性病から守ってもらおうと考えた遊女たちのあいだで長いあいだ人気のあった(少なくとも、江戸時代以降)金山神社は、一九七七年にこの祭りの開催地となった（アメリカの「サマー・オブ・ラブ〔一九六七年の夏にアメリカを中心に起こった、文化的・政治的主張をともなう社会現象〕」とほぼ同時期だ）。この神社は、夫婦和合や安産のご利益もあるといわれているが、最近ではペニスばかりが注目されるようになった。これを大胆に賛美する様子を観ようとやってくる大勢の観光客も、少なからずその一因となっている。

古くからある伝統や慣習の多くがそうであるように、かなまら祭りにも、起源に関する言い伝えがある。少しばかり強烈な話なので、心の準備をしてほしい。こんな神話だ。ある鬼が娘に恋をした。鬼は当然のごとく、娘のヴァギナを独占しようと決めた。この鬼は非常に嫉妬深かったので、娘が結婚を考えた一番目と二番目の男のペニスを食いちぎってしまったのだ。娘は、これ以上自分の恋人にひどい目にあってほしくなかったので、鍛冶屋に助けを求めた。そこで鍛冶屋は、鉄を叩いてペニスの模型をつくった。鬼はこの策略にすっかりだまされ、鍛冶屋のつくった鉄製のペニスに食いついて、歯を折ってしまった。こうして鬼は娘の下半身から退散し、その後はみんなが幸せに暮らした。今日では、何千もの人が巨大な男根とともに通りをねり歩き、浮かれ騒いでいる。

最近になって男根の数は三つに増え、それぞれが神輿《みこし》となっている。最初の男根は金属製で、そこからこの祭りの名前がついた。二番目の男根は木製で、古くてひん曲がっている。さらに二〇一七年からは、三番目の男根が加わった。この男根は東京の女装クラブが寄贈したもので「エリザベス神輿」と呼ばれている。次にどんな男根が登場するかはわからないが、数が多いほうが楽しいに違いない。

数万人が訪れる人気の祭り

祭りの期間中は、当然ながら屋台や土産物屋がたくさん出て、どこもが棒つきキャンディーやキャンドルにエロスのひねりを効かせている。ポルノスターのロン・ジェレミーが沿道で土産物屋を開いていたら置いていそうなものがたくさんある。だが、巨大な男性器をあれほど見せられても、この祭りの雰囲気は卑猥《ひわい》でも変態的でもなく、どちらかというと楽しくてほのぼのとした冗談半分といった感じだ。子どももたくさんいて、誰もそれを異常だとは感じていない。人が考える性の猥褻な面というより、単に楽しむための口実という意味合いが大きいからだ。また今日では、この行事は、ＨＩＶ・エイズ研究のための資金を集めてこの病気に対する認識を高めるという、高尚な目的に力を入れている。そしていまや、五万の人々が行列を見物しにやってくるまでになった。たくさんのペニスが集まっている……いや、意識が非常に高まっているのは間違いない。

韓国の海神堂《ヘシンダン》（ペニス）公園

隣の韓国にも、男根を賛美するための特別な場所がある。韓国東海岸の新南《シンナム》という町にある海神堂公園（ペニス公園としても知られている）だ。男根像の数の多さは驚くべきものだ（灯台さえもペニスの形をしている）。この場所で最も興味深いのは、この神社の誕生にまつわる伝説だ。言い伝えによると、ある男がまだ処女の花嫁を海のなかにそびえる岩の上に残して、その日の仕事に出かけた。予期せぬ嵐でその花嫁が溺れ死んでしまうと、地元では突然魚が一匹も獲れなくなってしまい、漁師たちはそれを溺れた花嫁のせいにした。そしてある日、花嫁の夫が海に向かって放尿すると、魚が戻ってきた。なぜだろうか？　まだ処女だった花嫁は、男性器を目にしてとても喜んだので、呪いを解いて魚が戻ってくるようにしたのだ。

岡山の裸祭り

かなまら祭りでペニスを堪能したあと、次にすべきことは、裸祭りに参加することだ。裸祭りは日本中のさまざまな土地にあるが、最も規模の大きいものが、岡山市の西大寺で行われている。この儀式は五〇〇年前に始まり、内容は当時からあまり変わっていない。西大寺の僧侶が、集まった数千人の裸の男たちに向けて宝木《しんぎ》を投げるのだ。実際はみな小さなまわしをつけているが、裸同然だ。宝木を手にするのは非常に幸運なことだと思われているので、肉体がぶつかり合う激しい競争が繰り広げられる。

第6章
食料

ダイコンの夜

NIGHT OF THE RADISHES

◉キリスト降誕サラダを食べ損ねないように

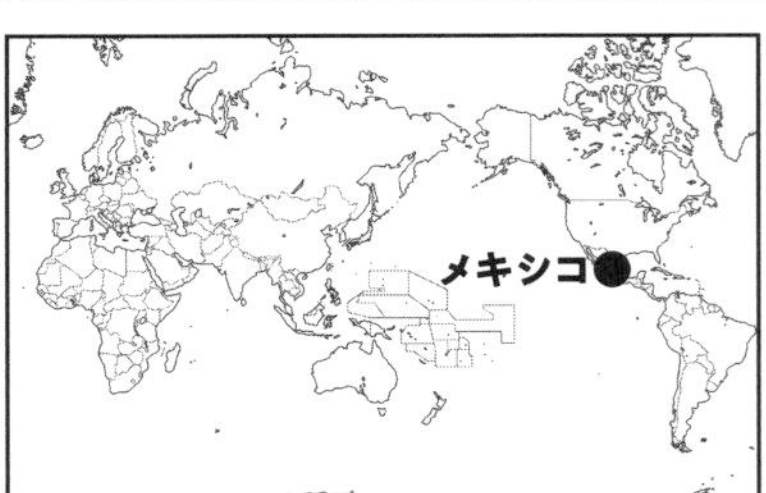

ノチェ・デ・ラバノスは、「ダイコンの夜」を意味するスペイン語だ。低予算のホラー映画のように聞こえるかもしれないが、観光客は、人々を恐怖に陥れる放射性の塊茎野菜を恐れる必要はない。実際は、クリスマスの慣習で、ハロウィンと品評会を混ぜ合わせたようなものだ。そしてご推察のとおり、ダイコンが大きくかかわっている。だが食べるためではない。

アメリカ人が毎年一〇月下旬に、カボチャに恐ろしい顔を彫るのが好きなのとちょうど同じように、メキシコのオアハカに住む職人たちは、一二月二三日になると、野菜にナイフで細工を施すのが好きだ。だが、彼らが彫るのは歪んだ笑顔や三角形の目に限らない。ダイコンの夜に展示される作品はもっと凝っていて、キリスト降誕の場面（当然ながら、最も人気が高い）から、オアハカ地方に生息する野生動物までさまざまだ。できれば、それらの見事な組み合わせも見てみたい。たとえば、飼《か》い葉桶《ばおけ》のなかにいる子羊とロバの傍らに、毒蛇と大きな歯をしたワニがいるような。だが実際にそんなものがあったら困るに違いないので、祭日のための装飾品として注文するのはやめたほうがいい。

「ダイコンの夜」は、一八九七年に初めて正式に行われた。ダイコンに芸術的な細工を施す慣習が人気を集めているのを知った、当時のオアハカ市長フランシスコ・バスコンセロス・フローレスが、それに従事するための日を設けることにしたのだ。言い伝えによると、二人のスペイン人修道士が、ある大豊作のあとに奇妙な形をしたダイコンをいくつか集めて町へ持っていき、それらを「悪魔」とか「怪物」と呼んだのが始まりだという。当時ダイコンはヨーロッパ人の開拓者が持ちこんだばかりだったので、まだ目新しくて人々の関心を大いに集めた。商人たちは、ダイコン

美しいダイコンの彫刻

を楽しい形に彫れば、お客がそれにつられて店に来てくれるのではないかと思いついた。そして、それがメキシコ中部のオアハカで爆発的に広まったというわけだ。やがて、子どもから孤独な農民まで誰もが、ダイコンのジオラマ、ダイコンの人間、ダイコンの動物などをつくるのに熱中するようになった。

最近はダイコンの夜の人気がますます高まって、三つの異なる部門（最優秀作品に与えられる大賞の賞金は一万二〇〇〇ペソ）の優勝者には賞金や賞状も授与される（「才能と伝統を維持する」ためのインセンティヴとして）。使われるダイコン自体は、通常の品種よりも大きく食用のものではない。そのため、行事の終わりに、町中の人たちが巨大なサラダボウルのなかではしゃぐ姿は見られそうもない。

乳飲み子イエスに似せて彫られたダイコンばかりを、次から次へと見ていたら飽きてしまうのではと思う人は安心していい。造花コンテストや、トウモロコシの皮でいろんなものをつくるイベントなど、ほかにもさまざまな行事があるからだ。過去の作品には宗教的なテーマのものが圧倒的に多かったが、最近では、お決まりの聖母マリア像のほかに、マヤ文明をイメージしたもの、映画の登場人物、その他ポップカルチャーに関連した作品も見ることができるはずだ。

報道によると、そうしたダイコンを眺めるために、数キロにおよぶ行列ができるという。それに比べれば、ディズニーワールドで、娘が王女エルサのコスチュームをつけて五秒間過ごすために一緒に立って並んだ一時間が、ずっと妥当なものに思えてくる。だからもし、奇妙な形をした赤い塊茎を自分の目で見たいのならば、早く会場に着いたほうがいい。五日前に着くのが理想的だ。そうすればオアハカの守護聖人である「孤独の聖母」の祝祭に間に合うからだ。これはいったいどんな祭りなのだろうか？　言い伝えによると、一六二〇年にあるラバ追いがグアダラハラへ向かう途中にオアハカを通りかかったとき、ふと気づくと隊列のなかに余分なロバがいた。このロバは異常なほど大きな箱を載せていて、あまりの重さにそのロバは倒れて死んでしまった。その箱のなかに入っていたのが「孤独の聖母」だった。地元の人々は、ロバ殺しの責任が「孤独の聖母」にあると責めたりはせずに、それをすばらしい前兆として崇拝するために、まず聖壇を、そして教会を、さらにはバシリカ聖堂を建てたのだった。いまでは訪問者は、聖堂の入り口にある、ロバが死んだ正確な場所を示す大きな石を見ることができる。それを考えると、ひと晩かけて膨大な数のダイコンの彫刻を眺めるのが、ちっとも奇妙には思えなくなるだろう。

擬人化されたダイコンを見にきて、蟻のためにとどまる

メキシコのオアハカ州は、動物種の数でいうと、国内で最も生物多様性に富んだ地域の一つだ。そのため、野生動物を模したダイコンだけでなく、ウサギのモーレ、腸のグリル、羽蟻のタコスといった郷土料理がたくさんある。

死の柱

オアハカ周辺を旅するときは、ミトラとして知られるサポテック遺跡に、ぜひ立ち寄って「死の柱」をしっかりと抱きしめてほしい。だがそのためには、悪い知らせを受け取る覚悟が必要だ。「死の柱」に両腕を回したときに、柱が動くのを感じたら、それはあなたに死がまもなく訪れることを意味するからだ。

BATTLE OF THE ORANGES

オレンジ戦争

◉柑橘系一色の戦い

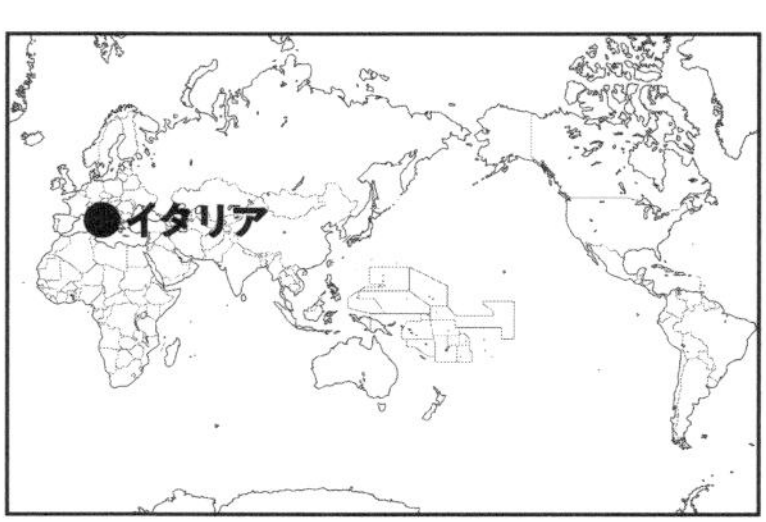

オレンジが嫌いな人などいるだろうか？　人間にとってオレンジは、食べてよし、ジュースにして飲んでよし、そしてアルコールの混ぜ物としても完璧な、最高の果物だ。さらに、ちょっと頭を働かせれば、すばらしい飛び道具になるのもわかるだろう。

イタリア北部のアルプスの町イヴレアでは、住民が毎年、朝食で好まれる果物を互いに投げ合うカーニバルを開催している。「イヴレアのカーニバル」は、雑然とした食べ物の投げ合いではない。ルネサンス時代の服（それと、チームごとに色の違うTシャツ）を着た九つのチームが、二月初旬に三日間かけて戦術的な戦いを繰り広げるのだ。観客は、次のチームのなかのどれかを応援することができる。

▼チェス
▼さそり
▼スペードのエース
▼死
▼革命
▼悪魔
▼傭兵
▼黒ヒョウ
▼信頼

信じられないほど混沌とした勝利を手にするために、参加者たちはビタミンCが豊富な弾丸を発射しながら必死に闘い、観客はその姿に声援を送る。

どうしてこんな慣習が始まったのだろう？　ビタミンC不足による壊血病の被害に抗議する、地域的な示威行動のようなものだったのか？　歴史書には明確な説明がないが、最も知られているのは、若い人たちをひどい目にあわせた（かつては、貴族階級が女性に夜這《よば》いをかける「初夜権」という慣習があった）一三世紀の暴君的な領主に対して、この地域の人々が起こした反乱を記念して始まったというものだ。ある娘が、犠牲になるのを拒んで領主の首を切り落としたのを

完全武装でオレンジから身を守る

きっかけに、怒り狂った住民たちが城に突入したのだ。初めのうち、人々はこの大量の血が流されたに違いない晩を記念して、豆やキャンディーを互いに投げ合っていたが、やがて攻撃に使う材料がオレンジへと変わっていった。では、なぜオレンジなのだろう？　グレープフルーツではだめなのだろうか？　一八〇〇年代のあるとき、馬車に乗ってパレードをしていた娘たちが、若い男たちの気をひくためにオレンジを投げつけたのが始まりだといわれている。男たちがすぐに応戦するようになって、いまのような慣習が生まれたというわけだ。

　この闘いは、完全に無秩序というわけではない。ちゃんとしたルールがあって、その多くは第二次世界大戦の直後につくられたものだ。それ以前は、戦いが手に負えないほど深刻になったり、暴力沙汰に発展したりしたため、地元の警察が介入しなければならないこともあった。いまでは、闘いの場は決められた広場だけに限られていて、馬車に乗った一つのチーム（非道な宮殿の護衛を象徴している）と、そのまわりを歩く反抗する町民役のチームが戦う。その週の残りを、髪の毛についた果肉を取り除くのに費やしたくなければ、歩きを選んだほうがいい。馬車に乗ったチームのほうが、圧倒的に劣勢だからだ。

外国人も、九ドル払ってチケットを購入すれば、この好戦的なお祭りに参加することができる。だが、イタリア最大のフード・ファイトから無傷で帰れると思ってはいけない。二〇一六年のイベントでは、七〇人が負傷した（クエン酸が傷にしみてひりひりする！）。温ワインと、オレンジの残骸と馬糞に囲まれて、意識が朦朧《もうろう》としてくる人が続出するのはいうまでもない。だから、すぐに気分が悪くなるタイプの人は、『オレンジブラッド』というゲームを買うだけで我慢すべきだ。そう、実際にそういうゲームが存在する。それならば、快適なカウチで、「イヴレアのカーニバル」を満喫することができる。

だったらハギスのほうがまし

戦いのあいだ体力を維持するために、サングイナッチョ・ドルチェという食べ物がカーニバルでは人気がある。伝統的に、灰の水曜日の直前に食べるもので、まだ温かい豚の血と、チョコレートと、クリームを混ぜ合わせてつくる、しょっぱくて甘いスイーツだ。（テレビシリーズ『ハンニバル』によると）ハンニバル・レクターの大好物で、祝祭の料理の素材にもなるし、クッキーや、あなたが手にかけた人の身体をつけるディップにもなる。さあ、召し上がれ！

果物には触らないで！

イタリアの屋台で果物を買う方法は、アメリカのスーパーマーケットと比べると少し変わっている。たとえばお店で商品に触れると、無礼の極みだと見なされる。また、どの果物を袋に入れてほしいかを店の人に指示するのも、大変失礼なこととされている。お店の人が商売を知らないと言っているようなものだからだ。もし、新鮮な桃の代わりに腐ったルタバガ（アブラナ科の根菜）を買わされたとしたら、事前に下調べをして、イタリア語の言葉をいくつか覚えておくべきだったのかもしれない。

LA TOMATINA

ラ・トマティーナ（トマト祭り）

◉あとは、シアントロ（コリアンダー）を投げる人が何人か見つかれば

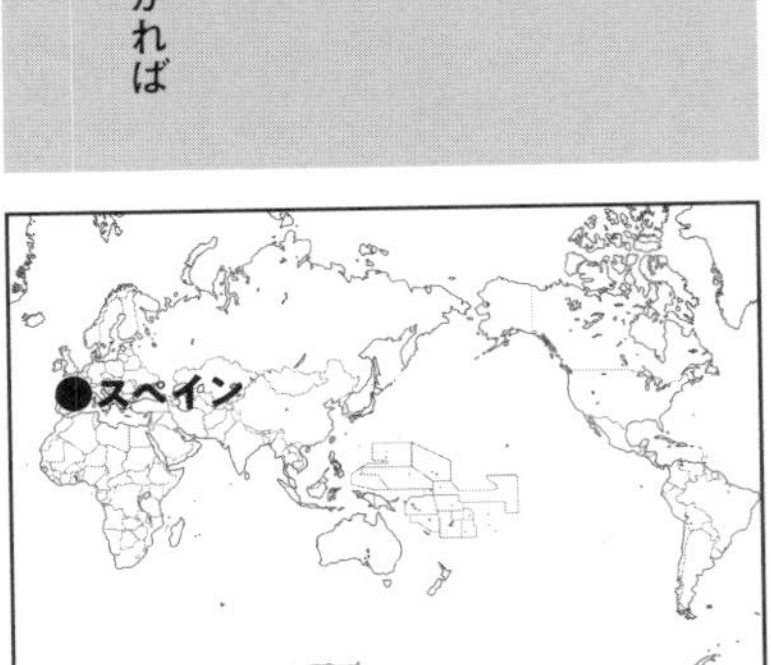

トマトは、ライブ・エンターテインメントのプロたちには広く恐れられているが、こうした野菜はたいていスパゲッティ、サルサ、ＢＬＴ（ベーコン・レタス・トマト）サンドイッチの材料と見られることが多い。だがスペインでは、イタリアとまったく同じように、食べ物が武器になることを住人が知り、それを町をあげてのどんちゃん騒ぎへと発展させた。

トマト祭りは、地中海から約三〇キロ離れた東部のブニョールという町で、毎年八月の最終水曜日に開催されるフェスティバルだ。このイベントの背景には、深い意味や、重要な記念すべき出来事はない。ただ人々が楽しんで、少しばかり攻撃的になるためだけのものだ。

多くの絶え間ない無意味な戦争と同じように、このトマト祭りがどうやって始まったかは、

真っ赤に染まったトマトまみれの「戦場」と「戦士」たち

誰もはっきりとは知らない。だが当然ながら、おもしろい話がいくつかある。友人同士が、喧嘩をして野菜を投げ合ったという説もあれば、不満を抱いた市民が議員に向かってトマトを投げたのが始まりだという話もある。おそらく最も一般的なのは、次に挙げる説だ。一九四五年に行われたパレードの際に、大頭のかぶり物の仮装行列があり、数人の若者が暴れたために、誰かがかぶっていたつくり物の大きな頭が落ちてしまった。その参加者が激怒して、拾った頭を振り回し、トマトを山盛りに積んだ露店をひっくり返してしまった。すると、五秒ルールを思い出した大衆が、トマトを拾って、それを武器代わりに使ったために、騒動が広がっていった。翌年、人々が自前のトマトを持ち寄り、このフェスティバルの歴史が始まった。

トマト祭りは、汚れはするものの、無邪気なお祭りのように思える。しかし、独裁者フランシスコ・フランコがこれを「無価値」だと見なしたことで、しばらくのあいだ禁止されていた。宗教的な意義の欠如がその理由だといわれている。人々はそれでも、逮捕されるリスクを冒して祭りを祝おうとした。そして一九五七年に、葬送曲を演奏する楽隊と、巨大なトマトを入れた棺を用意して、「トマトの葬式」という見せかけの葬儀をして抗議したところ、トマト祭りが復活することになったのだ。

一九七五年にフランコが死ぬと、気難しい暴君からの強力な反対がなくなったために、トマト祭りはそれまで以上に人気が高まっていった。実際のところ、人気が高まりすぎたといってもいいだろう。参加する群衆を減らしたり、物事が暴走するのを防いだりするために、措置を講じなくてはならなかったほどだ。二〇一三年までは、四万人から五万人の勇敢なトマト戦士が、乱闘に参加するのが見られたかもしれない。だが町の行政官が、戦いが手に負えなくなるのを恐れるようになったために、いまでは公式チケットをもつ二万人ほどに参加者が制限されている。果肉の嵐から商品を守るために、店をビニールシートで覆わなくてはならない商店主は、これで少し安心できるに違いない。

意外なことにトマト祭りは、ハビエル・バシリオというアナウンサーが、この祭りの評判をスペインじゅうに広めるまでは、比較的目立たないイベントだった。それが、政府観光局によって「国際観光行事」に指定されるほど、人気が高まったのだ。トマト祭りに強い感銘を受けたいくつかの国は、自分の国でもこの祭りを行おうと決めた。最近では、アメリカ、南米、中国に似たような祭りがある。インドでも実施するという話があったが、トマトの見境ない浪費だという理由で、計画はとりやめとなった。だが同じような祭りをする国がいくら出てこようと、野菜戦争の真のファンにとって、トマト祭りの本当の故郷は、いまもブニョールという小さな町だ。

いったいどうやってこの祭りの準備をするのか、知りたいと思う人がいるかもしれない。いまはもう、怒った露天商のカートをひっくり返したりしないのは明らかだ。それは、さすがにひどすぎるからだ。今日では、トラックが（トマトが安くておそらく余っている）エクストレマドゥーラという隣町から攻撃材料となるトマトを運んできて、それを市庁舎前のプエブロ広場に置く。トマト投げを始めるには、一人の勇敢な参加者が、油を塗った棒を無事に上までよじ登って、先端に置かれたハムを手に入れたことを宣言しなくてはならない。すると放水砲が発射され、戦いの火ぶたが切って落とされる。ルールはどうなっているかって？　それは男と女とトマトが決めることだ。

スペイン対「動物の倫理的扱いを求める人々の会（PETA）」

この独特なお祭りの期間中に酷使されるのは、少なくとも植物であって動物ではない。だがスペイン各地で行われているさまざまなほかの祝祭に関しては、そうとはいえない。もちろん、パンプローナの牛追い祭りは聞いたことがあるはずだ。だが、ガチョウの首を切るのを目玉とするイベント（それについては、あとでまた触れる）についてはは知っているだろうか？　あるいは、生きたヤギを教会のてっぺんから投げ落として、聖者の一生を祝うお祭りは？　トマト祭りでは、食べ物を浪費することが少し気になるかもしれないが、少なくともこのお祭りに参加しても、どこかの動物愛好家の怒りを買うことはないだろう。

トマトの弾圧

フランコ大元帥のもとでは、あらゆることが禁止された。カトリックが唯一認められた宗教だと宣言したフランコは、少数派のバスク語とカタロニア語の使用、すべての労働組合、そして彼の認めない名前を赤ん坊につけることまで法律で禁止した。本物の独裁者がみなそうであるように、フランコは自分の決めたルールを強制するために、秘密警察の大部隊を組織して、民衆を弾圧した。トマト祭りで、フランコを的にしたダンクタンク（水槽のなかに人を落とすゲーム）があったか、または彼の像をトマトで狙う的にしていたかどうかはわからないが、あって然《しか》るべきかもしれない。

THE COOPER'S HILL CHEESE-ROLLING AND WAKE

クーパーズヒル・チーズ転がし祭り

◉乳製品がもたらす危険

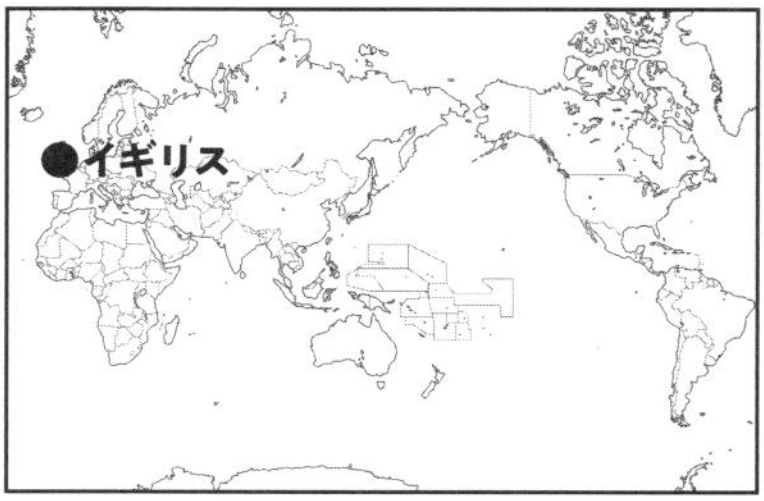

イギリスは、おいしい料理で知られているわけではないかもしれないが（あなたが、ボイル肉の目利きでもないかぎり）、円盤状のチーズには詳しい。同様に、イギリス人は過激なスポーツで有名ではないかもしれない。だが……円盤状のチーズに関しては、彼らはプロフェッショナルだ。だから、ビッグベンと退屈な歴史ドラマの国の冒険好きな運動家たちが、円盤状のチーズを追って命と四肢を危険にさらしながら丘を駆け下りるスポーツ競技を考えついたのも、当然なのかもしれない。熱心なのか、愚かなのか……ご判断はお任せする。

毎年、イギリスのブロックワースで開催される「クーパーズヒル・チーズ転がし祭り（チーズ＝ローリング・アンド・ウェイク）」では、勇敢なスポーツ愛好家たちが、乳製品と重力のあいだの長年の争いの渦中で、互いに競い合っている。このイベントの名にある「ウェイク」は、地元の言葉で「お祭り」を指し、幸いなことに、過去にこの乱暴なイベントで命を落とした人たちを悼む「通夜《ウェイク》」のことではない。だからと言って、この競技が安全かというとそんなことはない。だが、それについてはあとで語る。まずは、この祭りがどうやって始まったかについて話そう。

その起源についてはもっともらしい説が二つあることがわかっている。

▼一五世紀に、家畜の放牧権を決めるために行われていたというもの。農民たちは、家畜を放牧したければ、この競技に参加しなくてはならなかった。

▼人々が新年を迎えるにあたって、燃えている木の枝の束を丘の上から転がす儀式として始まったというもの。

いずれにせよ、この競技はどういうわけか、完全にチーズに関連したものとなった(豊作を願って一帯にパン菓子をばらまく地域もあるが)。

規則はいたって簡単だ。まず、三キロから四キロ程度の丸いダブルグロスターチーズの塊を、勾配が急な丘の上から転がす。進行係が参加者に向かって「ワン用意、ツーそのまま、スリー準備、フォー転がせ!」と号令をかけると、栄光をめざす参加者たちが、最初にチーズをつかもうと丘を駆け下り、勝利に(あるいは集中治療室に)向かって一目散に転がっていく。

いまでは、シーズンごとに男性用レースが三回、女性用レースが一回行われている。以前は一

日本でも話題になった「人が転がる」祭り

度に四〇人もの参加者が転がっていたが、ここ数年はわずか一五人に制限されている。地元の救急隊が、すべての負傷者に対応するには要員が足りないと訴えたからだ。過去最多の優勝を誇るのは、クリス・アンダーソンという男性だ。だが、過去二二回も優勝したというのに、ナイキがスポンサーとなる話や、ウィーティーズ（シリアルのブランド）の箱の顔に選ばれるといった話は、残念ながら出てきていない。使われるチーズは、地元のハードタイプ（『チーズドットコム』によると「滑らかでバターのような食感、こってりとしていて風味豊かだがまろやか」）のもので、木の皮で包まれている。一九八八年以降、ダイアナ・スマートという一人の女性が、伝統的な方法で、この競技のために特別につくっていた。だが、それも二〇一三年までの話だ。高圧的な当局が、その年にけが人が出たらダイアナさんのせいだ、と脅したのだ。そのため、過去数年間はチーズの代わりに軽量の発砲スチロールが使われている。どうせなら、丘全体を同じ素材（おそらく、巨大なフォームフィンガー［一本指を立てた形をした発泡体のボード。このチームがナンバーワンという意味］をいくつも積み重ねて）でつくればいいのだと思う人もいるだろう。骨折や打撲傷のいちばんの原因は丘なのだから。それ以降、当局はこの祭りとは距離を置くようになった。おそらく、血まみれの競技にかかわるのは、次の選挙に悪影響を与えると思ったからだ。そしていまやこのお祭りは、公的な管理なしで行われている。

けがに関していうと、チーズを追っかけてでこぼこの坂を転がり落ちる競技では当然想像できるように、たいていいつも数が多くて深刻だ。先に述べた、過重労働を強いられている救急隊員に加え、地元のラグビー選手たちが、チーズを追って転がってくる人を受けとめる「キャッチャー」として駆りだされている。各レースでけが人が出るのはほぼ確実で、「サーチ・アンド・レスキュー・エイド・イン・ディザスター」と呼ばれるボランティアグループが、骨折した人や出血した人たちの救助を手伝っている。二〇一八年には、この競技の危険性がはっきりと示された。優勝したクリス・アンダーソンは、歴代の記録を破ると同時に、ふくらはぎの筋肉をひき裂いた。幸い死者は出なかったが、現場の医療従事者のもとには、ひっきりなしにけが人が運び込まれた。

もしあなたがチャレンジ精神旺盛ならば（そして十分な保険に入っているならば）、イギリスの南西部を訪れ、ミルクを凝固させた塊を追っかけることで、自分の勇気（と骨密度）を試してみるといい。あるいは、近くのシャーディントンの村にある「チーズ転がし亭」に立ち寄ってT

シャツを手にいれるだけにとどめ、競技に参加したと吹聴《ふいちょう》することもできる。友達に頼んで、クリケットのバットで、胸、脚、腕、頭を何度も叩いてもらえば、あなたの話の信憑性《しんぴょうせい》はずっと高まるだろう。

ばかげた運動競技

イギリス人は、ばかげているうえに危険なスポーツが実に得意だ。クリケットの話ではない。沼シュノーケリングからチェスボクシングまで、興奮の度合いはさまざまだ。だが適度な興奮が不可欠な、イギリス独特のスポーツがもう一つある。フェレット・レギングだ。この競技はその名前のとおり、気が立った齧歯動物をズボンのなかに押し込めて、どれだけ長く我慢できるかを競うものだ。

フェアウェイでの災難

ゴルフは、多くの人がグレート・ブリテンと結びつけるスポーツだが、統計によると、人が思うほど穏やかで安全な娯楽ではない。実際、ラグビーやボクシングよりも危険だといわれていて、四万人以上の下手くそなゴルファーが、さまざまなけが――関節や背中の痛みから、飛んできたボールによる頭蓋挫傷まで――で緊急治療室に運ばれている。

THE GIANT EASTER OMELET OF BESSIERES

イースター恒例、ベシエールの巨大オムレツ

◉数（千）個の卵を割らないと、オムレツはつくれない

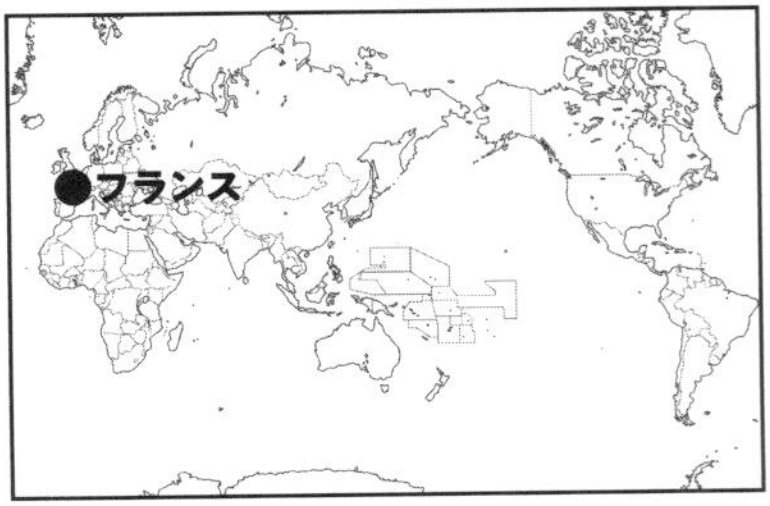

クロワッサン、上質なワイン、エスカルゴの本場フランスでは、食べ物に関する慣習に事欠かない。カエルの脚を食べるフェスティバルまであるが、世界のほかの国の人々は、この珍味に恐怖を感じてかなりひいている。それでも、食通たちが称賛する料理がたくさんある。サルラ＝ラ＝カネダのトリュフ祭りと、パリのサロン・デュ・ショコラ（チョコレートの祭典）は、食通たちをあまねく魅了する二大イベントとなっている。だが最大イベントの一つは、南西部の町ベシエールでイースターに行われる。そのイベントは、洗練されてもいなければ粋でもない。どちらかというと、アメリカ南部の脂ぎったダイナーのオープン記念の宣伝イベントのように思える（ルイジアナ州のアビビルという町で、似たような祭りを実施しているのはそのためかもしれな

これはバスク地方、1980年代のもの

い）。なんと、ミニバンサイズのオムレツをつくるのだ。

このばかげたごちそうを準備するには、一万五〇〇〇個の卵と、数はわからないが多くの疲弊した鶏の献身が必要だ。ヨーロッパ征服のさなか、この村で食べたオムレツのおいしさに感動したナポレオン・ボナパルトが、町の卵をすべて買い占めて、兵士全員が食べられる巨大オムレツをつくらせたのが始まりだといわれている。

ルイジアナ州のある町で、似たようなことを毎年していると述べたのを覚えているだろうか？　まあ、フランス以外で、ガリアの伝統をしっかり受け継いで独自の卵焼きをつくっている地方はほかにもある。公式な巨大オムレツフェスティバルは、世界の七カ所で行われている。その七カ所とは、フランス三カ所、カナダ・ケベック州のグランビー、南太平洋にあるフランス海外領土ニューカレドニアのデュムベア、ベルギーのマルメディ、そしてアルゼンチンのピケだ。もしオーストリアの卵担当行政官が、まだ参加を申請していないとしたら、まさに観光客を招致する機会を逸していることになる。

ところで、調理にあたるのは単なる素人ではない。著名なオムレツ協会のメンバー（巨大オムレツ騎士団によって正式に任命される）だけが、すべての卵を割って、ゴジラ用の朝食をせっせと焼くという重大な任務を与えられる。準備には、あきれるほど大きなフライパンはもちろん、同じく巨大な炎と、勢いよくかき回すためのオール大のスプーンが必要となる。オムレツ協会は、できあがったオムレツを独り占めするわけではない。それなりの部分が、何千人もの非完全菜食主義者《ノン・ヴィーガン》の参加者に配られる。

特大サイズのオムレツの調理は、このフェスティバルの期間中に行われるイベントの一つにすぎない（出遅れずに一切れ貰いたいと思っている人のためにいうと、実際にはこのフェスティバルはイースターに行われるとは限らない）。参加する人たちは、音楽やダンスやパレードなども楽しむことができるが、それらはどこでも体験できる。本当の目玉は、調理人たちが、町にやってくる巨人の腹を満たすような（多分、食べたら巨人のコレステロール値が心臓麻痺を起こすほど上がるような）巨大なオムレツをつくる真剣な姿を目にすることだ。

おそらく私たちは、ほかのアトラクションを少し軽視しすぎているかもしれない。少なくとも、二〇一八年度のイベント予定によると、私たちの関心を、巨大な朝食の準備から逸らせてしまうような場所がほかにもたくさんあるようだ。一一月三日には、「トラクター卵割り選手権」

があった。もったいないようだが、おもしろそうだ。その次の日には、「巨大オムレツ乗り」というイベントに申し込むために、早めに出かけなくてはならなかった。ルイジアナ州のイベントが、卵割り選手権とクラシックカー・ショーで盛りあがる一方で、ベルギーのほうは、命知らずの人にもってこいのイベントとなっている。最近、卵製品に殺虫剤の成分が見つかったからだ。ニューカレドニアでは、卵にがっついているあいだ、子どもを遊ばせておく必要がある親たちのために、メリーゴーラウンドが設置されている。

ギャルソン！　私のスープに睾丸が入っているよ

あなたは、フランス人がカフェの小さなテーブルで、オイスターを咀嚼《そしゃく》したり、カエルの脚をかじっていたりするのを見て、気持ち悪いと思ったことがあるだろうか？　馬肉の料理が当たり前のようにメニューに載っているというのに？　おいしそうに聞こえる「リ・ド・ヴォー」にしても、「子牛の膵臓」をおしゃれに言っただけだ。おそらくあなたは、ペリゴール地方の高級料理である「クイーユ・ド・ムートン」が好きに違いない。この料理のおもな材料は、甘くて柔らかい羊の睾丸だというのに。

別荘での田舎生活

巨大オムレツづくりが、ほかの国で再現されているのとちょうど同じように、フランスの「豚の鳴き声選手権」が反響を呼んでいる。トリ＝シュル＝バイズで開催されるこのイベントは、どんな豚も誇らしく思うだろう。参加者は、誰がいちばん、豚の成長過程に合わせて鳴き声をまねることができるかを競う。「七面鳥祭り」というのもあって、七面鳥だけの行進を見ることができる（ぜひ見てみたいが、すべて本物かどうかはかなり疑わしい）。

THE CHINCHILLA MELON FESTIVAL

チンチラのスイカ祭り

◉フェスティバルに行って、手に入れたのはひどい打撲傷だけ

スイカを祝うフェスティバルは、それほどおもしろいとは思えないかもしれない。だがオーストラリアで行われる「チンチラのスイカ祭り」は、実際に行ってみると、ふつうのフード・フェスティバルと比べて少し独創的であることがわかるだろう。チンチラというのは、イベントの開催地であるクイーンズランド州の町の名前だ。気になると思うので言っておくと、もこもこしている南米の齧歯類とは何の関係もない。住人が七〇〇〇人程度のこの町がなぜ、こともあろうにスイカの栄光を讃えるのかというと、一九五〇年代に、国の後押しでこの野菜（そう、スイカは野菜なのだ）の商業的な生産に最初に成功したのが、この町だったからだ。

チンチラのフェスティバルが、参加者にさまざまな料理を提供して、太り過ぎの金欠状態で送

り帰すようなほかのフェスティバルと違うのは、展示方法の独創性だ（それと清潔さをまったく度外視している点）。このお祭りでは、スイカを食べるだけでなく、スイカを投げ、スイカと競争して、種を遠くへ飛ばし、スイカのなかに足を突っ込んでスキーをする機会まである。食事と有酸素運動のすばらしい組み合わせなのだ。また二年に一度しか開催されないので、次回に備えてスイカ体形をシェイプアップする時間もたっぷりある。

チンチラには、スイカに感謝するもっともな理由がある。オーストラリアの「スイカの首都」として知られるチンチラは、いまではこの国のスイカの二五パーセントを生産していて、地元の農家や近隣の住民すべてに繁栄をもたらしているからだ。この二月のフェスティバルは、干ばつがこの地域を襲った一九九四年に始まり、そのおかげで人々は、一時的に観光に力を入れて経済不況を乗り切ることができた。このどろどろの祭りは一週間にわたって続き、開始から二〇年あまりで参加者は飛躍的に増えた。国じゅう（そして世界）から人々がやってきて、ワイルドでクレージーなイベントに参加している。

あなたがもし、次のチンチラ・スイカ祭りに参加するために、二月のほかの予定をすべてキャンセルすべきかどうか心を決めかねているようなら、とっておきの、見逃すのが惜しいイベントをいくつか教えよう。

▼スイカ馬車レース。段ボール箱と木枠でつくった馬車に乗り、スイカの皮が散乱するコースを落下せずに走ってラップタイムを競う。

▼スイカ鉄人・鉄女コンテスト。頑健な参加者が、スイカを抱えたまま（スイカは無傷でなければならない）苛酷な試練に挑み、障害物を乗り越える。
▼スイカバンジー。ゴムのロープでつながれた参加者たちが、粉々にしたスイカを敷きつめたマットの上で互いに引っ張り合い、（ご推察のとおり）スイカをつかもうとする。

さらに、スイカ・ロデオ、スイカ料理人、スイカ・ストリートパレード、スイカ・ビーチパーティーもある。また多くの店で、スイカをテーマにしたあらゆる種類の服を売っている。「オーストラリア最大の詩人」ゲイリー・フォガーティも姿を見せる。きっと、スイカに関する詩をたくさん書いた詩人に違いない。

チンチラにいちばん近い大都市はブリスベンだ。腐ったスイカの悪臭に囲まれたキャンプ場で過ごしたくなかったら、車を走らせればわずか三時間半で着く。有名なゴールド・コーストも車でいける距離にあるし、（友達におもしろい絵葉書を送りたければ）トゥーンバまでは、わずか二時間だ。勇敢な人には、利用可能な小さい飛行場まである。攻撃的な有袋類がはびこっているかどうかわからない緑地帯に着陸する勇気があるならば、飛行機をチャーターするのもいい。

念のため抗毒素は持参したほうがいい

スイカの果肉だらけの駐車場を滑るだけが、オーストラリアでウインタースポーツを楽しむ方法ではない。どうしてもスキーを履きたいというのでなければ、ぜひ訪れてほしい場所がある。タスマニアのベン・ロモンドは、バンフやシュガーローフとは比べものにならないかもしれないが、七月に凍った斜面でスノーボードをしたいと思ったら、ほかのどこに行けというのだ？　それに、命取りとなる毒クラゲ、ヘビ、クモ、クロコダイル（ほかに何がいるかは神のみぞ知る）をうっかり蹴とばしてしまう心配も比較的少ない。

スピード防止帯

砕けたスイカのなかを転げ回ってすっかりべとべとになったら、次は臭くなる番だ。オーストラリア中部のノーザンテリトリーで毎年開催される「ウルル・キャメル・カップ」というレースでは、それが簡単にできる。ウルル（エアーズロック）は、先住民族《アボジリニ》にとって神聖な内陸の地で、野生のラクダ（飼育されているラクダよりもずっと、人の顔につばを吐きかけたがると思われる）の世界最大の生息地だ。最初のウルル・キャメル・カップは、二〇二二年の水曜日に開催された。なぜなら、水曜日はハンプ（コブ）の日だからだ。わかるだろうか？　とにかくこのレースは大成功を収めた。なんとしても知りたいと思うだろうからいうが、そのとき優勝したラクダの名前は「レイジー・デイジー」だ。

ROADKILL COOK-OFF

ロードキル料理コンテスト

◉あなたの歯にはさまっているのはフクロネズミ？　それともアルマジロ？

セミトレーラーに轢《ひ》かれて、ホットケーキのようにぺしゃんこになったフクロネズミが、大好物じゃないって？　それなら、一週間前に死んだスカンクは？　料理に関する冒険心は、いったいどこに行ってしまったんだ？

アメリカでは、どこの州にも、住民が称賛する独自の公式料理がある。テキサスのチリ、メリーランドのクラブ、アラスカのサーモン……最も有名な郷土料理を試食できる地方のフェスティバルが、一年を通して楽しめる。州の果物が「ゴールデンデリシャス」というリンゴのウエストヴァージニア州で最も有名なフード・フェスティバルは、リンゴに関連したものだと思うのではないだろうか？　残念だが、そこで人気を集めているのは、飢え死に寸前のコンドルぐらいしか食べないような代物だ。

　毎年恒例の、ウエストヴァージニア州「ロードキル料理コンテスト」は、シェナンドー国立公園の近くで、ポカホンタス郡の商工会議所主催で開かれる。九月下旬の、この地域の秋の収穫祭と同時期の開催だ。このコンテストのメニューは、農作物ほど多くはないが、奥地を運転したあとで車のフロントグリルから引きはがすものよりは充実している。だが心配はいらない。実際には、干からびたウッドチャック（マーモットの一種）やアライグマを調理するわけではない。調理するのは、新鮮なウッドチャックやアライグマだ。さらにフクロネズミ、リス、トカゲ……高速で走る車を避ける術を知らない動物なら何でも。

　コンテスト自体は、アマチュアの料理人のあいだで行われ（だから料理タレントのガイ・フィエリがこっそり紛れこんで、ウッドチャックのブイヤベースをつくることはない）、料理に使われる斬新な材料には、ヘラジカ、クロクマ、カミツキガメなど、理論的には動くものなら何でも含まれる。実際のメニューには、高速道路で車に轢かれて死んだ動物は使われていないが、真のロードキル料理を食べたという歴史が、ウエストヴァージニア州の一部にはある。そうすることが、希少な資源を活用する賢い方法だと考えられていたのだ。

　賞金は？　各料理チームは、早めに参加申し込みをするだけで一〇〇ドル貰うことができ、かなり妥当なインセンティヴになっている。優勝者には、一二〇〇ドルと、名前が刻まれたまな板が贈られる。移動やテントや食材（自分で狩りをする人もいる）に大枚をはたいた参加者でもないかぎり、それほど悪くない賞だ。だが、誇りに値段をつけることはできないし、どんな金銭的報酬も、あなたがつくるウサギのパスタやイグアナのタコスにかぶりつく子どもたちから向けられる尊敬の眼差しと比べることはできない。いくら笑ってもかまわないが、こうした料理は、『フード・ネットワーク』『トラベル・チャンネル』『ディスカバリーチャンネル』を引きつけるくらいの感動をもたらす。ネットフリックスが、この場所を、四つ足のチリのお化けか何かが出てくるホラー映画の舞台として使う日も、そう遠くはないだろう。

だがこのフェスティバルは、クマ肉の照り焼きや、ウズラのミートソースや、ビスケットにリスのグレイビーソースをかけたものを食べるだけがすべてではない。アパラチアン・マウンテン・ミュージックのライブ、ポッサムトロット五キロレース、さまざまな屋台、子どものためのバウンスハウスなどもある。美人おばあちゃんコンテストで、お気に入りの高齢者を応援することだってできる。

このフェスティバル全体が、冗談半分に扱われることが多いが、国じゅうから好奇心の強い（そして勇敢な）訪問者を集めることで、財政が厳しいこの地域にかなりの収入をもたらしているのは事実だ。地方の南部人に関する固定観念をうまく利用し、アメリカで最も貧しい州の一つに暮らす住民が、経済を活性化する賢い方法となっている。地元のある住民はこう言っている。「これは、ほかのアメリカ人が私たちウエストヴァージニア州の住民をどう思っているかに対する挑戦なのです。彼らは私たちを〝レッド・ネック〟と呼びますが、それはここでは誉め言葉になります。このフェスティバルの目的は楽しむことと、経済の活性化です」。だが胃腸のことを考えると、まだ少し困難が予想される。

まさに、涎《よだれ》が出てこない？

どんなおいしい料理が食べられるのか、詳細を知りたいに違いないと思うので、二〇一八年のフェスティバルで用意されたメニューの一部を紹介しよう。

▼田舎者のマルディ・グラ　ワニとカメのガンボ
▼ハゲワシの嘔吐物にまみれた小鹿のフェンダー揚げ
▼ヘッドライトに浮かんだ酔っぱらいのシカ
▼シカとワニの肉のパテ
▼優勝作品――捕食者と犠牲者のチリ（クマとシカのコンボ）

第7章
自然

THE KARNI MATA TEMPLE

カルニマタ寺院

◉聖なる害獣のための場所

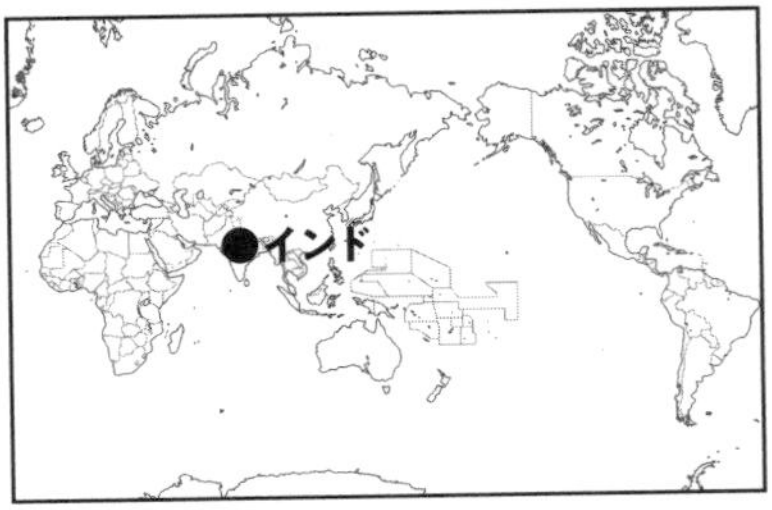

インドという国には、驚くほど美しい寺院が数えきれないほどある。威厳あるタージ・マハールから、地方と都会に点在する小規模な聖地まで、多くの寺院があらゆる人の崇拝のニーズを満たしている。なかには、ネズミに祈りを捧げる人たちもいる。そう、ネズミだ。

北部のラージャスターン州のデシュノクという小さな町にあるカルニマタ寺院は、「ネズミ寺」という、かわいらしい名前でも知られている。口の軽いギャングがＦＢＩに垂れ込んだあとでお祈りにいく場所を、婉曲《えんきょく》に表現しているわけではない。カルニマタ寺院は、ヒンドゥー教の猿神であるハヌマーンを祭った、完全に衛生的に見える寺で、二万五〇〇〇匹のクマネズミ（小さな子どもたちを意味する「カバス」と呼ばれている）が住みついている。常識的な感覚に反し、

なかでも白いネズミに出会えれば幸運とされる

数千人もの敬虔《けいけん》な人や好奇心旺盛な訪問者が、インド国内だけでなく世界じゅうから集まってくる。訪問者はこの聖なる齧歯動物に餌を与えることができる。少し足首をかじられるかもしれないが。万一かじられるようなことがあったら、踏みつけたくなる衝動をなんとしても抑えたほうがいい。死んだクマネズミは、純金でできたネズミの像と置き換えなくてはならないからだ。

ネズミを崇拝するこの寺院は、いったいどのようにしてできたのだろうか？　こんな言い伝えがある。一四世紀に、寺の名前になったカルニマタという女性がいた。彼女は死の神「ヤマ」に、溺れて死んだ息子を生き返らせてほしいと頼んだ。ヤマは、自分にはできないが、ヒンドゥー教のドゥルガー女神の生まれ変わりであるカルニマタ自身にならできると答えた。そこでカルニマタは、自力で息子を生き返らせた。そしてついでに、一族がみなネズミとして生まれ変わり、もう二度と死ぬことがないようにした。それを公平な取引と見るかどうかは、ペストと無毛の尻尾にどれだけ耐性があるかによって変わる。なぜもっと美しい生き物を選ばなかったのかは、長年の謎となっている。現在までにこの地域の約六〇〇世帯が、カルニマタの子孫だと主張していて、いずれは永遠に甲高い鳴き声をあげてちょこちょこ走りまわれるようになると期待しているようだ。

多数の黒いネズミのなかに、白いネズミがほんのわずかに混じっている。白いネズミは特に神聖な存在だと思われていて、目にした者には特別な神の恵みがある。そこで、白いネズミが姿を現すよう、訪問者は「プラサド」と呼ばれる聖なる甘い食べ物を出し出す。圧縮されたチーズ・スプレッドの缶詰のほうが安上がりかもしれないが、神聖さで劣るのはいなめない。

寺院の扉は朝四時に開くので、一番乗りをしたければ、早起きをしなくてはならない。だが、寺院内に入れば、僧侶が「ボグ」と呼ばれる特別な食事をネズミに捧げるところが見られるし、「ドワベント」を僧侶や下働きの人に喜捨したり、寺の維持や開発のための費用として「カラシュベント」を寄付したりして、感謝の気持ちを示すことができる。ネズミがあまりに近くに寄ってきたときは、仲介者を省いて、直接ネズミにルピーを投げ与えることもできるが、それはやめたほうがいい。

この寺を、ひげのある伝染病の保菌動物のためのものにしたのは、改革者であり、先見の明のある人物として有名なジェネラル・マハラジャ・サー・ガンガ・シンだ。シンは、女性のための大学を創立しただけでなく、近代的な鉄道や配電盤を取り入れ、監獄改革を実施し、ビカネール州で発生した大飢饉にもうまく対処した。ネズミに夢中になったのは、監獄と飢饉のせいなのだろうか？　理由はなんであれ、寺の奥にある聖所の入り口に、美しい大理石建造物をつくるよう命じ、威厳ある銀の扉を寄贈して、ネズミに関する伝説を表す像を飾った。

現在、カルニマタ寺院で足元をネズミが走りぬけていくのを見たかったら（実に縁起のいいことだと考えられている）、毎年二回行われるお祭りの時期に訪れるのがいちばんだ。最初の大きいほうのお祭りである「チャイトラ月のシュクラ・エカムからチャイトラ月のシュクラ・ダシュミまでのナヴラトリ」は、三月から四月にかけて開催される。二つ目のお祭りは、九月から一〇月にかけて、「アシュヴィン・シュクラからアシュヴィン・シュクラ」まで、同じくナヴラトリの期間中に行われる。そうした言葉がいったい何を意味するのか調べたかったら、『トラベラーズ・トゥデイ』にすべてを説明している記事が載っている。いずれにしても、この寺院に行ったら、ネズミの女神を信奉する人たちや、リアリティ番組『アメージング・レース』のとびきり不潔なシーズンの参加者のまねをしていればいい。それから、モーガン・スパーロックも、二〇一六年にドキュメンタリー映画『ラッツ』の撮影でこの寺を訪れている。まったく道理にかなったことだ。だが、深刻なネズミ恐怖症を患っているのでなければ、ネズミが媒介する恐ろしい病原菌が怖いからと、ここを見に行くのをやめたりしてはいけない。驚くべきことに、ネズミとの濃厚接触で誰かが伝染病にかかったという記録はない。さらに空中に浮遊する糞も、猿の神を祀っているあの寺よりもずっと少なそうだ。

黄金のネズミ

うっかり踏みつぶしてしまったネズミは、金でつくったレプリカと置き換えることもできる。いったいいくらかかるのだろうか？　クマネズミの成体の平均体重は、カルニマタ寺院のネズミがどれだけ太っているかを考慮しないでいうと、約三四〇グラムだ。現在の金の価格を、多少の変動はあるにしても、一オンス（約二八・三グラム）一三〇〇ドルとしよう。すると、金のレプリカの価格は一万五六〇〇ドルになる。私たちからアドバイスを一つ。寺に入る前に、モカシンか「うさぎスリッパ」に履き替えたほうがいい。

口いっぱいのマハラジャ

シンの正式タイトルは……ジェネラル・ヒズ・ハイネス・マハラジャディラージ・ラジラジェシュワル・ナレンドラ・シロマニ・マハラジャ・サー・ガンガ・シン・バハードゥル・マハラジャ・オブ・ビカネール・GCIS・GCIE・GCVO・GBE・KCB。だが、縮めて「ビッグG」と呼んでもいい。この長い肩書きはいったい何のためなのだろう？　シンは死んでいるというのに。

DAY OF THE GOOSE

ガチョウの日

◉（ガチョウ以外は）みんな楽しい

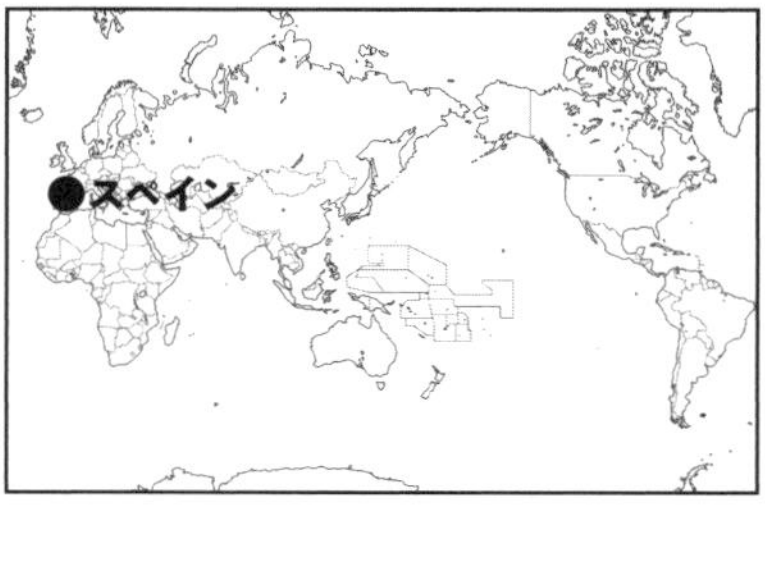

動物を苦しめるか、動物を危険にさらすか、動物を即座に殺すか——そんな動物フェスティバルばかりやっているスペインは、家畜にとってはじつに恐ろしい国だ。飼育されている動物はメイン料理の材料となることが多いので、どこで暮らすのも容易なことではないが、家畜の生活をできるだけ不快なものにするという点で、スペインは群を抜いている。けれどもあなたが、混乱した雄牛に通りで観光客を追わせたり、怯えたヤギを教会の塔から投げ落としたりする以上にひどいことはないと思っているとしたら、それは、かわいそうなガチョウが毎年耐えなくてはならない試練を目にしたことがないからだ。ガチョウの首を切る競技を中心にしたお祭りが、スペインでは毎年開かれている。ようこそ、ガチョウの日《ディア・デ・ロス・ガンソス》へ！

ガチョウ引きとして知られる「競技」は、中世にはヨーロッパ各地で人気のある娯楽だった（一七〇〇年代末以前には、アメリカ南部でもしばらくのあいだ復活していた）。しかし現在では、スペイン・バスク地方のビスケー湾に面したレケイティオという町が、いまだにこの競技を続けている数少ない場所の一つとなっている。この競技のルールはいたって簡単だ。毎年九月五日に、（情け深いことに）死んでオイルを塗られたガチョウが、小川を渡したロープにくくりつけられる。参加者は、跳びあがってそのガチョウをつかむと、その首をもぎ取り、見ている子どもたちの心を深く傷つける。この作業をより困難で楽しいものにするために、参加者がガチョウをしっかりつかむと、ロープの両端にいる男たちがロープを激しく揺さぶる。そうすると、ガチョウをつかんでいた男や女は空高く跳ねあがる。ガチョウが首を切られるところを、「動物の倫理的扱いを求める人々の会」（ＰＥＴＡ）が目にしたら、おそらく戦争犯罪と見なすだろう。

ガチョウの首を引きちぎるもう一つのイベントが、スペイン・トレド県のエル・カルピオ・デ・タホの町で行われている。このイベントでは馬が登場するが、幸いなことに、はやしたてる観客の前で首を切られるのは馬ではない。ここでもまた、（ありがたいことにすでに死んでいる）ガチョウが通りの真ん中につるされ、馬に乗った騎手がその首をもぎ取ろうと突進していく。結果はとてもよく似ていて、ガチョウは内臓をあたり一面にぶちまけることになる。このイベントの趣旨は、一一四一年にアラブ支配から人民が解放されたことを祝うもので、過去四〇〇年にわたって毎年七月、スペインの守護聖人であるサンティアゴの祝日に行われてきた。飛行機のプロペラの開発以降、ガチョウ全体にとって最も不遇な日かもしれない。

ここでは、スペインを集中的に非難する気はない。ヨーロッパには、似たような慣習をいまも実施している国がほかにもあるからだ。

▼ベルギー、オランダ、ドイツ、スイス、フランス、イタリア

水上でイベントを行うのは、おそらくレケイティオだけだが、イタリアには七面鳥を切り刻む祭り、フランスにはウサギの首をはねる祭りがある。動物をこのように扱うのは、かつては収穫への捧げものの一環だったと考えられているが、現在では、カーニバル・シーズンに行われる単なる娯楽に思える。こうした動物は、少なくとも絶滅の危機には瀕していない。だが、どのガチョウも、ウサギも、七面鳥も、近い将来、道路脇でタイヤの交換を手伝ってくれるなど

ガチョウにとっては最悪の日

と期待してはいけない。

ガチョウ引きは、血が流れる競技としては、動物の虐待を呼び物にしている世界じゅうのほかの多くのフェスティバルほどひどいものではないかもしれない。少なくともガチョウは死んでいるからだ。だが、なかにはそうでないものもある（スペインが一一〇〇年代にこのイベントを考え出したときは、ガチョウはぴんぴんしていて鳴き声をあげていた）。一九三六年から一九七五年までのフランシスコ・フランコの残忍な独裁政権の時代、動物保護法によってこの残酷な慣習は中止させられていた。だが、専制君主が死んでスペインが自由を取り戻すと、このイベントも復活した。だからもし、怒り狂ったファシストのガチョウに出くわすことがあったら、その怒りも少しは理解できるだろう。

聖なるヤギ投げ

先に触れたヤギ投げについて、詳しく知りたい人もいると思うので、ここで説明しておく。マンガネセス・デ・ラ・ポルボローザという小さな村では、毎年六月、聖ヴィンセントを讃えて、生きたヤギを地元の教会のいちばん高いところから投げ落とす。幸いなことに、地上にはシーツでヤギを受けとめる男たちが待機しているが、それくらいでは、無垢なヤギを怯えさせてはならないと主張する動物愛護活動家たちの気持ちはおさまらない。なぜこの慣習が始まったのかは不明だが、一般に次のように伝えられている。一七〇〇年代、一匹の大胆なヤギが、小鳥たちのためにと神父が残しておいた食物を横取りしようと教会に忍び込んだ。神父に見つかったヤギはパニックを起こして駆けだし、鐘楼《しょうろう》から飛び降りたが、奇跡的に四つ足をついて着地した。ヤギはすぐに森へと走っていった。あまりにも感動的な出来事だったので、それを見ていた人たちはそれを聖人と結びつけた。

ペロパロ祭り

ロバもまた、お祭りで定期的に苦しめられるかわいそうな動物だ。ビジャヌエバ・デ・ラ・ベラというスペインの町で毎年開かれる「ペロパロ」祭りは、悪名高い性犯罪者が捕まったことを祝うためのものだ。だから、イベントの一環として、ロバを酔わせて町でいちばん体重の重い男（当然ながらこちらも酔っぱらっている）を引き出させるのも、完全に筋が通っている。通りで叫んでいる大衆（そう、同じく酔っぱらっている）は、散弾銃を発砲し、ロバの耳元で太鼓を強打する。……よくよく考えてみると、まったく筋が通っていない。ロバが罪を犯したわけではないのだから。まあ、もしそうだったなら、このイベントも当然のことだといえる。

FERRET LEGGING

フェレット・レギング

◉ズボンのなかの痛み

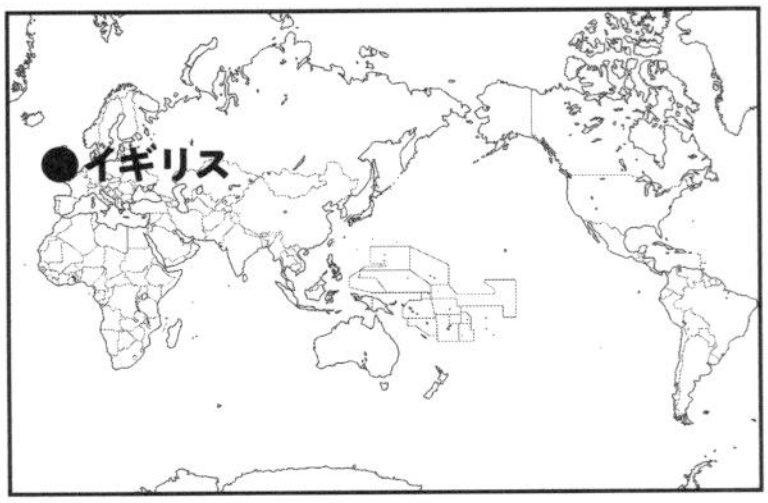

多くの人にとっては驚くべきことかもしれないが、イギリスは無謀で不可解ともいえるばかげた慣習の宝庫だ。なんといっても、(本書のどこかで言及したように)バンジージャンプを世に広めた国民なのだから。だが、「すね蹴り」や、起伏の多い傾斜で行う「チーズ転がし」のように、どう見ても無意味に思える競技のなかでもいちばん不可解なのは、「フェレット・レギング」に違いない。それは名前のとおり、怒り狂った大きな歯をもつフェレットを男性のズボンのなかに押しこめ、大事な部分を傷つけられながら男性がどれだけ耐えられるかを競う競技だ。

男の内股とフェレットのあいだの壮絶な戦いで、どのように優勝者を決めるかについて詳しく述べるには、実際にこの競技に参加する人物を見つけなくてはならない。これは簡単なことではない。――なぜなら、参加者は完全にしらふでないといけないというルールがあるからだ。参加を決めた男たちは、下着をつけることも禁止されている。

二人の勇気ある競技者が、精神的にも肉体的にも準備を終えると、二匹の生きたフェレットをそれぞれ二人のズボンのなかに押しこんで、ウエストと足首をひもでしばる。爪を切ったフェレットを競技に参加させるのは、おそらく失格の理由となるので、見物人は間違いなく、皮膚がひき裂かれ、感じやすい部分が冒瀆《ぼうとく》される様子を期待することができる。

太腿にいくつも傷をつけられてはひとたまりもないので、競技はすぐに終わるに違いないと思う人が多いかもしれない。だが、フェレット・レギングの世界記録保持者であるレグ・メラーというヨークシャーの炭鉱労働者は、暴れ回るフェレットをズボンのなかに入れたまま五時間二六分耐えることができた。メラーは、『アウトサイド・オンライン』のインタビューで、王者の地位を手に入れるために克服しなければならなかった最大の障害について、その痛々しい詳細を語った。「フェレットの歯は完全な状態でなくてはならず、歯を削ったり、切ったりするのはなしです。人間やフェレットに薬を投与するのもだめです。人間はしらふで、フェレットは空腹でなくてはならない――もっとも……フェレットは空腹でなくてもかみつくとわかりましたが……」

フェレット・レギングの起源については、次の二つの説がある。

▼昔、密猟者がフェレットを使って、他人の土地のもっと小さい動物を根こそぎ捕獲してい

た。密猟者は怪しまれないように、フェレットをズボンのなかに隠した。
▼正規のハンターも同じことをしたが、その目的は、肌寒い日にフェレットを温めるためだった。

この競技が始まった当時でさえ、参加者は厚い下着か何かで自分の下半身を保護したに違いない。そう考えると、現代のフェレット・レギングの熱烈な信奉者たちが、なぜ何の防御策も講じないで参加することに合意するのか、わけがわからなくなってくる。男性の身体の大事な部分に、フェレットの歯が深々と刺さってもいいと、本当に思っているのだろうか。ふたたびレグ・メラーに詳しく語ってもらおう。「もちろんです！　なぜって私は、自分のあそこにフェレットを何時間もぶら下げていたんですよ！　片側に一匹ずつ、二匹同時にね」

かつて一度、この競技に女性を参加させ、ブラウスのなかにフェレットを入れて「フェレット・バスティング」にしようという試みがあったが、残念ながら定着はしなかった。さらに残念なことに、フェレット・レギングは数百年続いた慣習で、一九七〇年代に一時復活したにもかかわらず、いまでは消えゆく競技だと考えられている。少なくともフェレットの幸せを考えると、これでよかったのかもしれない。結局のところ、ふつうの状況だったら、飼育されているフェレットは、愛すべき優しい性格のペットなのだ。だが、男性のズボンに無理やり押し込まれるといった最悪の状況では、我らがレグ・メラーの言っていたように、「殺すために生きている食人動物となって、あなたの目から脳まで食いちぎるだろう」。ミスター・メラーが、いまだに偉大なイギリス詩人の仲間入りをしていないのなら、一緒に彼を推薦しよう。

コーンウォール地方の鉱山労働者が行うパーリングには気をつけろ

読者は「すね蹴り」とは実際に何をするのかを知りたいと思っているはずなので、ここで説明させていただきたい。この娯楽は、「ハッキング」もしくは「パーリング」とも呼ばれ、おそらく一六〇〇年代に、生活に楽しみがなかったコーンウォール地方の鉱山労働者のあいだで始まった。ルールは次のようなものだ。二人の競技者が向き合って相手のシャツの襟をつかみ、ブーツをはいた足を相手のすねに叩きつける。どちらかが、痛みに耐えられなくなって「もうたくさんだ！」と叫ぶまでそれは続く。試合を監視するのは「うるさ型《スティックラー》」と呼ばれる審判で、競技が適切な手順に従って行われるよう見張っている。つま先を金属で補強した安全靴をはいていてもフェアプレーだとみなされたくらいだから、適切な手順など、ほとんどないに等しいのだが。

毛皮に覆われた足をもつピラニアシャーク

フェレットは、小さく、柔毛に覆われていて、かわいらしいので、ペットとして人気があるが、実は生まれつきの殺し屋だ。「陸のサメ」「足のあるピラニア」「毛皮に覆われた悪魔」などというニックネームをもつフェレットは、獰猛《どうもう》な肉食動物で、急速な代謝を支えるために常に獲物を殺さなくてはならない。野生のフェレットは、骨、皮、羽、毛皮まで、獲物のすべてを食いつくす。ふつうは人間に対して害をなさないが、出口をふさがれたズボンのなかに押しこめられると、すぐそばにある生殖器に、残忍な仕返しをしたくなるらしい。

キャラヴェラス郡のカエル跳躍コンテスト

THE CALAVERAS COUNTY FROG JUMPING JUBILEE

◉楽しい跳躍タイム

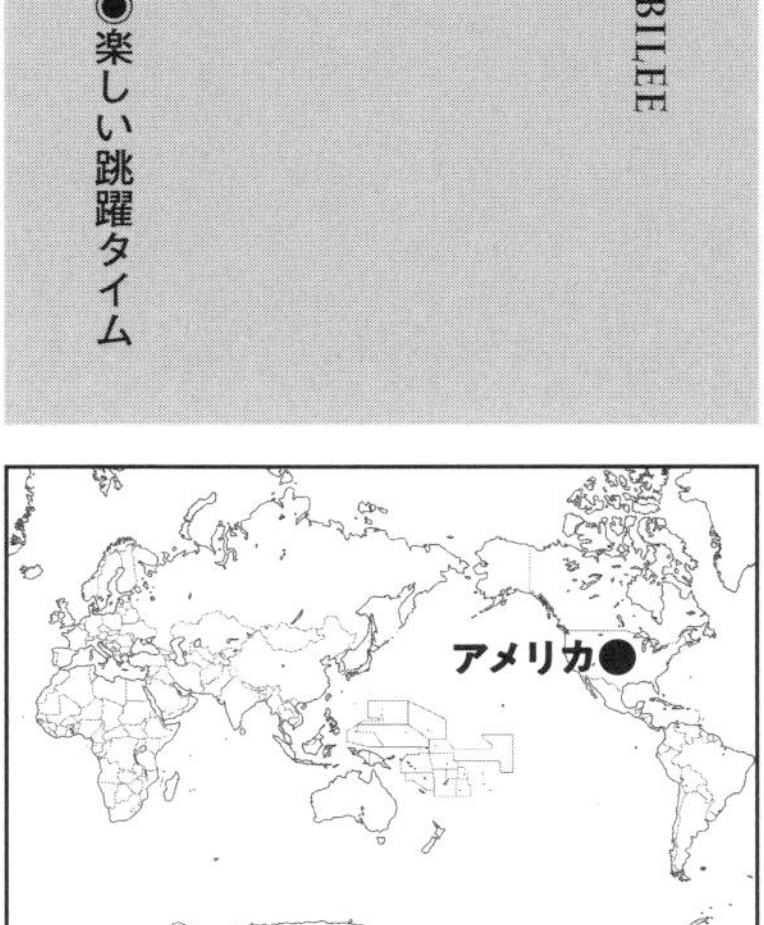

マーク・トウェイン（もしくは本名のサミュエル・クレメンズでもいいが）の作品に親しんでいる人なら、この作家を国際的に有名にした短編「キャラヴェラス郡の有名な飛び蛙」を知っているだろう。物語の筋は、必ずしも事実に基づいてはいないかもしれないが、カリフォルニア州のキャラヴェラス郡は実在している。そこでは三年に一度、五月にカエルのジャンプ競技も行われている。トウェインの物語の登場人物のように、居合わせた者は誰でも、結果に対する賭けをしながら、子どもと大人が激しく地面を叩いてカエルを怯えさせて、一番にゴールを切らせようと躍起になっている様子を目にすることができる。

このカエル跳躍コンテストは、一九二八年からエンジェル・キャンプという町で開催されるキャラヴェラス・カウンティ・フェア（町の主要道路が舗装されたことを祝って始まった）の目玉で、参加の意思とカエルをもつ者なら誰でも出場して賞金を狙える。残念ながら、七回の優勝を誇るビル・プロクターは二〇一八年に亡くなってしまったが、天国に行ってしまう前は、ぬるぬるした挑戦者の世話をする無数の人たちを鼓舞しつづけた。ジャンプの世界記録が生まれたときもその場にいて、サクラメントの『ABC10ニュース』のインタビューで、そのときの様子をこう語っている。「世界記録は、二一フィート五・七五インチ（約六・五メートル）だ。この記録は一九八六年に、ロージー・ザ・リビターという名のカエルが打ち立てた」

このジャンプコンテストで優勝すると真鍮のプレートに名前を刻まれ、そのプレートはエンジェル・キャンプの市街地にある歩道沿いの名誉ある場所に飾られる。町の歴史あるこの一画は、敬意を込めて「カエル跳躍の殿堂」と呼ばれている。優勝者には九〇〇ドルの賞金が与えられる。そして、もしどこかの新参者がロージー・ザ・リビターの長年の記録を破れば、五〇〇〇ドルの賞金を手にする。まことに残念ではあるが、カリフォルニア州では、優勝したカエルには賞金の法的な所有権が認められていないはずだ。だが、たとえ賞金を貰っても、グルメ向けの蠅や何かくだらないものに無駄遣いしてしまうのが落ちだろう。

カエル跳躍コンテストは、カリフォルニア州のほかの町から、オハイオ州のさまざまな町、さらにはメイン州のピスカタキス郡まで、さまざまな場所で実施されている。カナダでは、「サン・エール・フロッグ・フォリーズ」という類似のイベントがマニトヴァ州で開催されている。だが、キャラヴェラス郡のエンジェル・キャンプのコンテストは今後も元祖でありつづけるだろう。

100年近い歴史のあるカエル跳び祭り

マーク・トウェインの作品が忘れ去られなければ、こちらも忘れられることはないはずだ。そしてこのイベントは、かなり暗い歴史をもつこの地域の住民にとって、すばらしい気晴らしにもなっている。キャラヴェラスというのは、「頭蓋骨」を意味するスペイン語で、不吉ながらも二〇一五年にアメリカ最大の自殺者数を記録した場所にふさわしい名前だ。キャラヴェラス郡という不気味な名前がつけられたのは、スペイン人のある探検家がこの地域にたどり着いたとき、小川の土手に無数の頭蓋骨が並んでいるのを発見したからだ。正式な地名となったのは、それから二〇年後、別の探検家の一団がこの地で一晩を過ごして目覚めたときに、おびただしい数の人骨が周囲にあるのに気づいたことがきっかけだった。だからこの地も、カエル跳躍コンテストで知られるようになって、ほっとしたに違いない。

主役を演じるカエルの幸せを案じ、カエル跳躍コンテストはこの水かきをもつ生き物が命を落とさないよう措置を講じている。一匹のカエルが競技に参加できる期間には制限があり、絶滅の危機に瀕しているカリフォルニア赤足蛙（あるいは希少なカエルすべて）を使うことは固く禁じられている。こうしたささやかな努力のおかげで、カリフォルニア赤足蛙がふたたび姿を現すようになったと知ったら、動物愛護家はきっと満足するだろう。当然ながら、トウェインの話にあったように、カエルの喉に鉛の弾を押し込んだりしたら、やはり顰蹙を買って即座に失格となる。カリフォルニア州がどれほど生物の保護に力を入れているかを考えると、ゴムボートに乗せられて太平洋に追放されないだけ幸運なのかもしれない。

ダチョウ・レースも一見の価値がある

カエルが勝利をめざしてジャンプする姿を見るのに興味がないのなら、その代わりに、巨大な飛べない鳥が競うのを見るほうがいいかもしれない。南カリフォルニアで毎年開催される「リバーサイド・カウンティ・フェア・アンド・ナショナル・デイト・フェスティバル」では、ダチョウのレースが、ラクダのレースと同じような娯楽性のある競技として何年も前から行われてきた。ダチョウはあれほど滑稽な見た目にもかかわらず、時速七〇キロのスピードで走れる。ダチョウにも騎手がいるので、高速での衝突や、ダチョウ同士の激突は、全米自動車競走協会（NASCAR）のどんなイベントよりもずっと見応えがある。

29 パームス・ウィード・ショー

もしあなたが、動物よりも植物に焦点を当てた競技を好むのであれば、カリフォルニア州で「29パームス・ウィード・ショー」というイベントが毎年一月第一週に開催されていることをお知らせしておきたい。開催されている州が州だけに、勘違いするのも無理はないが、草《ウィード》といってもマリファナではなく、幻覚作用のないウィードだ。カリフォルニア州の低地砂漠で行われるこのイベントでは、参加者が回転草《タンブルウィード》やサボテンなど、周辺地域原産の植物を使って競い、最もきれいなフラワーアレンジメントをつくるのだ。このウィード・ショーは、イベント名を聞いても忍び笑いをもらす人などいない一九四一年に始まった。

THE MONKEY BUFFET FESTIVAL

モンキー・ビュッフェ・フェスティバル

◉猿の増殖を最大限に活用する

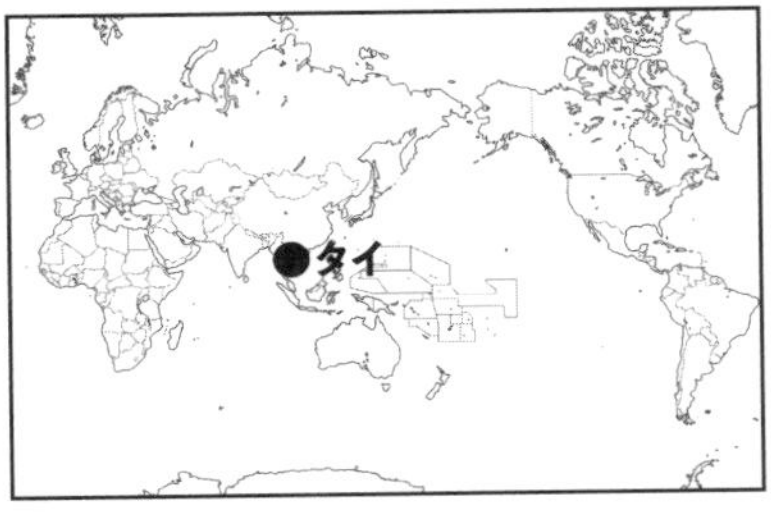

タイは、大きくて歴史のある寺院で有名だ。そうした寺院は、見事な建築や文化を見にくる観光客を、毎年何千人も引きつけている。タイには四万七一七もの寺院があり、それぞれがみな異なっている。タイはまた、猿でも有名だ。とある注目すべき地域では、この二つがそろっている。

ロッブリー市とその近郊にある「ワット・プラシー・ラタナ・マハタート」と「プラ・プラーン・サム・ヨート」という寺ほど変わった寺はない。なぜ変わっているかというと、この二つの寺では、野生の猿がひしめき合っているからだ。実際には、ロッブリー市全体がそういう場所だ。だが住民は、霊長類の駆除業者や猿退治の専門家チームを呼ぶ代わりに、そのまま受け入れることにして、猿があふれていることを祝うフェスティバルを行うようになった。

色とりどりのごちそうで聖なる猿をもてなす

　ロッブリーはタイで最も古い都市の一つだが、人の往来が多い道筋からは少し外れているので、「モンキー・ビュッフェ・フェスティバル」がなかったら、おそらくあまり注目されることはないだろう。一九八九年から行われているこのイベントでは、毎年一一月下旬になると大勢の人間がやってきて、強引に入ってこようとする猿をロッブリー市があとどれくらい受け入れられるかを見極めようとする。モンキー・ビュッフェは、先にあげた二つの寺院の近くで行われるにもかかわらず、宗教的な意味合いはまったくない。そう、あなたの聞き間違いではない。「ビュッフェ」だ。モンキー・フェスティバルの最大の呼び物は、果物や野菜でつくられた巨大なタワー。猿たちは、その上で野性を解き放つ。だがその前に、猿の衣装を着た男たちによる型通りの踊りがあって、フェスティバルが始まる。毎年、猿が食べ放題を楽しむ機会を市が提供するというアイデアを思いついたのは、ヨンユットという男性で、かつては自ら毛皮の衣装を着て猿たちの真ん中に飛びこみ、フェスティバルの開会を宣言していた。こうした活動のあいだ、猿たちの頭をどんな思いがよぎったかは想像するしかないが、おそらく「待ちきれない」という気持ちだろう。

猿がタイ全土で一定の尊敬を得ているのは、二〇〇〇年前のラーマ王子の伝説のおかげだ。ラーマ王子は、妻のシータ姫をラーヴィナという魔界の支配者の手から救い出さなくてはならなかった。運よく猿の神であるハヌマーンが加勢してくれたので、この新たな協力者が従える猿の軍隊の力を借りて、ラーマ王子は勝利を収めることができた。伝説によると、その後、ラーマは家に戻って国を一万年間にわたって統治した。しかしそれは……あまりうまくはいかなかったようだ。ラーマ王子と、猿の神と、王国全体が、巧妙に姿を隠しているというなら話は別だが……。

ともかく、モンキー・フェスティバルに話を戻そう。イベントに先立ち、食べ物でできたタワーが準備されるあいだに、カシューナッツにメモを巻きつけた形の招待状が猿に配られる。だが、これはまったく必要のない手順のように思われる。猿に社交性がないことは周知の事実だからだ。実際、大勢の観光客が行儀よく振る舞おうと心がけているのに対して、猿たちは好き勝手をし放題だ。野生の類人猿がたいていそうであるように、猿は食べ物をあたり一面に投げ散らかす習性があり、基本的に大騒ぎして、気取った社会に立ち向かう。賢明なことに、人間の訪問者は猿と一緒に果物や野菜のタワーに手をつけることは認められていないので、近くの屋台やレストランを使うことになる。こうしたルールが守られているかどうかはわからないが、地方政府の誰かが、人が猿にかまれたときに損害賠償を請求されるリスクに言及してからは大丈夫そうだ。

ロッブリーの住民にとって、暴れ回る猿は、携帯電話を盗んだり、髪を引っぱったり、公衆の面前で排便したりする存在として恐れられている。だが、観光客がもたらす収入を計算すると、それらは容易に耐えられる試練となる。ホテルのオーナーであるヨンユットさんが数十年前にこのフェスティバルを思いついたときは、こんなに大評判になるとは夢にも思わなかったはずだ。いまではタイの観光局が、世界じゅうから猿好きの観光客をできるだけ多く集めようと、このフェスティバルを後援するまでになった。そして、どれだけ費用がかかろうと、このフェスティバルを続けることがロッブリー市の最大の関心事であるのは間違いない。毎年、当然のように無償で貰っていたごちそうが貰えなくなったりしたら、大勢の猿たちがどんな大騒ぎをするか……誰もそんな状態は望んでいないはずだ。

スリンの象祭り

タイ北部のスリン県は、もっと大きな動物、つまり象を称賛する土地だ。タイの人々が高貴なものとみなしているスリンの象のショーは、毎年一一月に行われ、完璧に着飾った二〇〇頭の象による見事なパレードがある。スリンは、このイベントを開くには最適の場所だと思われている。この巨大な厚皮動物を育て飼いならすことで有名な地方だからだ。だが、この地の人々は莫大《ばくだい》な負担にも寛大なようだ。このフェスティバルの最も重要な場面の一つは、パレードが終了し、象たちが朝食をたっぷりとる姿を観光客が見るときなのだ。

ココナツを採るマカク

ロッブブリー市に群がる「マカク」という種類の猿は、小さな町々にはびこって食べ物をたかることで知られているだけではない。タイの革新的な農民たちは、この猿に実り多い仕事を与えた。リードにつないだ状態で木に登らせ、ココナツの実を採らせているのだ。スラーターニー県には猿の訓練学校まであって、若いマカクはそこで仕事を学んで両親に誇らしい思いをさせている。創設者のソンポーン・サエコワがこの学校をつくったのは、マカクに仕事を強制する虐待的な扱いをやめさせるためだった。彼は、このアイデアが暴行や暴力を遠ざけ、そのおかげで大きな成功を収めたと考えている。猿たちも感謝していると考えて間違いない。

クラケリンゲン祭りで生きた魚を飲み込む

LIVE FISH SLURPING AT THE KRAKELINGEN FESTIVAL

◉グロンデリングをひと飲み

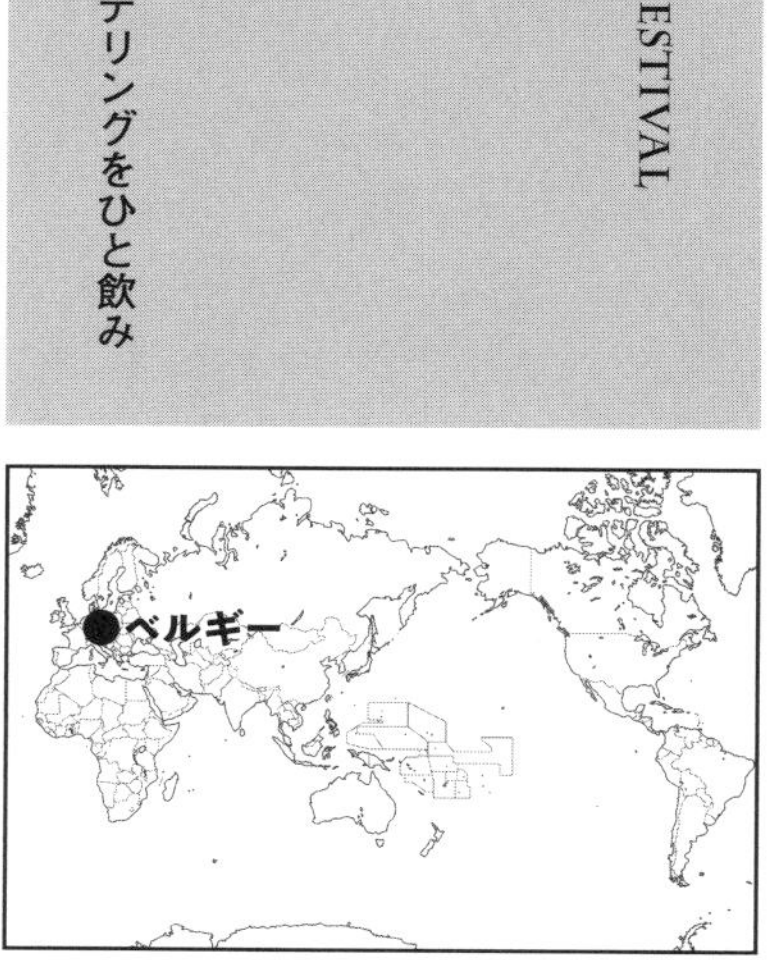

「真実か挑戦か《トゥルース・オア・デア》」のような、生きるか死ぬかのゲームをしている最中という、いっぷう変わった状況にあって、それが絶対に必要だというのでなければ、生きた魚を丸ごと飲み込むなんて、決してお勧めしない。動物保護団体の抗議がなかった一九三〇年代に、アメリカの学生たちのあいだで金魚を飲み込むのが一時的に流行したのは事実だ。だが、口を開けて、くねくねと動く魚を飲み込む慣習は、それよりずっと昔からある。実際にベルギーの人たちは、クラケリンゲン祭りというイベントでそれを数百年前から行ってきた。

クラケリンゲン祭りは、春の訪れを祝うために、毎年二月の最終日曜日に行われる。この祭りでは、クラケリンゲンという丸パンの投げ合いを含む数多くのアクティビティが実施されていて、祭りの名前はそこからきている。これらは中世に起きた出来事を記念するものだ。敵に包囲された当時の町民たちは、敵よりも多くの食料をもっていることを示すために、防壁の外にパンを投げて敵を愚弄《ぐろう》した。そのとき、魚も壁の向こうへ投げたといわれていて、生きた魚を丸のみするのは、おそらくそれが理由なのかもしれない。グロンデリングという小さな魚は、飲み込む前に、まず赤ワインに漬けて少しおとなしくさせる。全体的に見ると、多くの寿司レストランの海産物よりは思いやりを感じられる最期かもしれない。

クラケリンゲン祭りには、パンを投げたり魚を飲み込んだりする以外にも、ケルト族の祭司ドルイドの衣装を着た人たちが雪だるまの格好をした人たちを追いかける儀式など、民間伝承や奇行に基づいた人目を引くアクティビティがある。丸パン投げが始まる前に、このパンの手投げ弾は町の教会で祝福を受ける。その後、町の有力者が、外に集まっている群衆に向かってクラケリンゲンを投げて戦いの火ぶたが切られる。この群衆は、相当な人数になる。というのも、クラケリンゲンの一つに豪華な宝石が入っているからだ。大人も子どもも、先を争って七五〇ユーロ(約一〇万円)の宝石を得ようとするので、殺気立った雰囲気となる。ようやく夜が訪れると、古代ケルト民族の儀式を偲《しの》ぶように大きな柱に火がつけられ、誰もが踊り、歌い、無償で配られるスープをすする。だが、前述したように、すするのはスープだけではない。この伝統的なフェスティバルでは、数百年前から、罪のない魚も無慈悲に飲み込んできたのだ。今後はこれを「グロンデリングの沈黙」と呼ぶことにしよう。

この祭りの魚に関する部分については、予想どおり、動物の権利保護活動家が猛烈に反対している。彼らは何も、「どんな形であれ、魚を食べてはならない」と主張しているわけではない。ヘラールツベルゲンの元市長グイド・デ・パットは、『インターナショナル・ヘラルド・トリビューン』のインタビューのなかで次のように説明している。「ときどき、魚が口のなかで動くことがあります」。クラケリンゲン投げが始まる前に市民団体の代表が、グロンデリングが無事に人の胃腸を通っていけるように、儀式用の一六世紀のゴブレットにこの魚をぽとんと落とすのが長年の慣習となっている。グロンデリングの死に様に憤慨する人たちは、イベントの運営者に掛け合って、このイベントで飲み込まれる魚の数に制限を設けることに成功した。彼らの究極の目標は、マジパンでつくった複製に完全に入れ替えることにある。

猫投げ祭り

イーペルというベルギーの町は、三年ごとに、インターネット上の猫愛好家たちが甲高い悲鳴をあげるような祭りを行っている。キャット・パレードには、猫をかたどった山車や、毛皮の衣装を着て顔にひげを描いてはしゃぐ多くの猫人間が参加する。このパレードでは、道化師の格好をした男がぬいぐるみの猫を教会の鐘楼から投げ落とす。数百年前には、本物の猫を二〇メートル以上の高さから投げていた。この慣習は、この町の猫が行った善行を讃えるためのものだった。猫たちは、町の住民が生地を保管していた大事な衣料会館にはびこっていたネズミを退治してくれたのだ。何年もたって住民はようやく、すべての猫が悪魔と同盟を結んでいるわけではないと気がつき、状況が変わった。そして、代わりにぬいぐるみの猫が危険な目にあうことになったのだ。

熊のカーニバル

ベルギー人が動物の格好をする例がほかにもあることを証明するように、まったく別の町では、住民が熊の衣装を身につける。この祭りは「熊のカーニバル」と呼ばれ、アンデンヌという地域で行われている。町をあげてこのお祭りをするという発想は、幸いなことに映画『シャイニング』のあのぞっとする場面ではなく、暴れ回る熊を少年がハンマーで殺すという、同じくらい不安を感じさせる昔の出来事から生まれた。そして、熊を倒したのはただの少年ではなかった。王国の正当な統治者となるカール・マルテルだったのだ。キャット・パレードとは違って、生きた熊が教会のてっぺんから投げ落とされたことは一度もなかった。おそらく、そこまで運ぶのが大変だったからだろう。それに、そんなことをしたら、確実に見物していた子どもたちのトラウマになっていたに違いない。それで、代わりにテディベアを投げるという賢明な判断が下されたのだ。

TUNARAMA

ツナラマ祭り

◉（魚の）錘を放り投げる場所

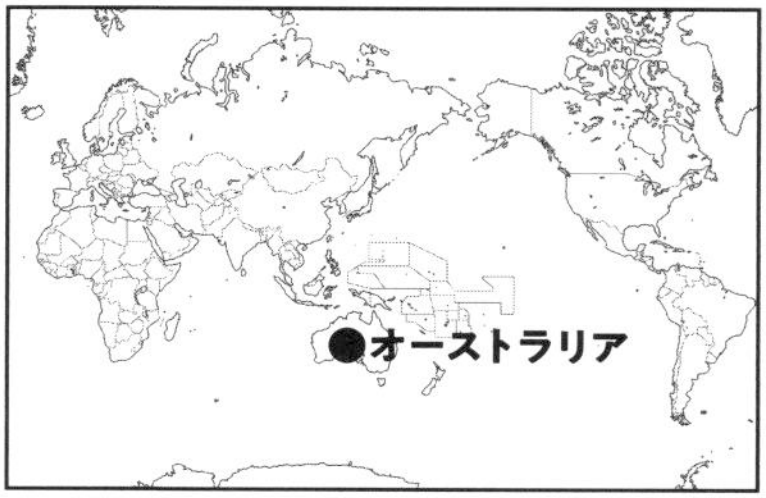

巨大な魚を放り投げるコンテストに参加したいと思ったことがある人にとって、うってつけの場所がある。二〇二〇年に六〇周年を迎えるオーストラリアのツナラマ祭りは、毎年一月下旬（南半球では夏季にあたる）に行われる伝統的な行事だ。魚を中心としたこの四日間は、魚アレルギーで顔が夏カボチャのように腫れあがってしまう人を除くと、誰もが楽しめる娯楽の日となっている。何万人もの人が、南オーストラリア州の最南端にある人口約一万六〇〇〇人の町、ポート・リンカーンを訪れ、祭りの名前にもあるマグロに関連するアクティビティに参加している。なかでもいちばんの人気イベントは、「マグロ投げ選手権」だ。名前のとおり、死んだ巨大なマグロを投げる競技である。

男も女もこのマグロ投げに参加することができる。素人でもプロでもかまわない（海産物投げのプロがいるわけではないが）。いちばんプロに近いのは、一九九二年のバルセロナ五輪と一九九六年のアトランタ五輪に出場した、ハンマー投げの世界チャンピオンであるオーストラリア人のショーン・カーリンだ。ちなみに、カーリンはその後、スポーツ（ハンマー投げとマグロ投げの両方）の世界からは引退して、いまは教師として働いている。賭けてもいいが、カーリンの運動選手としてのどんな業績よりも、マグロ投げの成績のほうが生徒にとっては印象深いはずだ。念のためにいっておくと、一九九八年にカーリンがマグロ投げで優勝したときの記録は、三七・二三メートル。現在のハンマー投げの世界記録の半分以下だが、ハンマーは冷凍マグロのように氷や粘液や悪臭に包まれていることはない。

ツナラマは、へんぴな場所にあるポート・リンカーンに観光客を呼び込む手段として始まったが、それ以来、愛すべき慣習となり、地元の人や外部の人がたくさん訪れている。当然、マグロに関連したパレードも行われ、集まった人はライブ演奏を聴いたり、大量の揚げ物を食べたりしながら、砂の城をつくるといった真夏のアクティビティに参加できる。「海のカーニバル」という子どものための区画まであり、親がさまざまなビールやワインを試飲するあいだ、人魚や海賊の格好をした大人が子どもたちの相手をしてくれる。

だが当然ながら、誰もが見たいと思うのは、有名なマグロ投げ選手権だ。かなり衝撃的な光景が見られるはずだ。特に、一九八九年に凍ったマグロを顔面に受けた女性にとっては、一生忘れられない出来事となったのは間違いない。結局その女性は、地元の病院に六日間入院したあと、補償として三万五〇〇〇ドルを受け取った。ツナラマ祭りが対応を迫られた民事訴訟はこの件だけではなかった。二〇〇二年には、ビキニコンテストが猥褻で煽情的だと見なされ、このイベントが女性の品位を傷つけたとして告訴された。それでもツナラマ祭りは、多くの障害を克服し、二〇〇五年に襲った山林火災の犠牲者がリラックスできる場所を提供したことによって地元コミュニティから称賛を受けた。空を飛ぶマグロほど、人をリラックスさせるものはない。

ここ数年、ある議論がよく取り上げられるようになった。それは、『マグロ投げ』は良質な食料を浪費している」というものだ。同じことは、この競技のジュニア部門にも当てはまる。重い冷凍マグロを持ちあげることができない子どもたちは、代わりにエビをできるだけ遠くへ放り投げている。批判を避けるために、二〇〇八年にケン・マーティンという地元のアーティストが、本物のマグロの代わりに投げるプラスチック製のレプリカの作成を委託された。この変更に対する反応はさまざまだった。ある参加者は記者にこう語った。「投げるのは大した違いはないが、本物の冷凍マグロを投げたとき、暑さで溶けて折れてしまった。ちょっと危なかったよ。でも、つくりもののマグロだと、おもしろみがすっかりなくなってしまう」。安全なレプリカをとるか、けがをする危険のある本物をとるか――おそらくそれは問題ではない。どちらを選んでも、とても楽しそうだから。

カンガルーのディナー

オーストラリアの国獣はアカカンガルーだ。これは当然だ。アカカンガルーは間違いなく、オーストラリアと聞いて人が思い浮かべるトップスリーのうちの一つだからだ（残りは、コアラと故スティーヴ・アーウィンだ）。だが、アメリカでハクトウワシを食べようという人がおらず、イギリスでブルドッグを食べるという考えに賛同する人がいない一方で、カンガルーはオーストラリアのメニューに必ず載っている。カンガルーの炒め物から、赤ワインでマリネしたカンガルーの串焼きまで、大きくてぴょんぴょんはねる有袋類をがっつり食べてこそ、「一人前（のオージー）」だと思われている。

ウィチェッティ・グラブを食べるために口を大きくあけて

ウィチェッティ・グラブという、人間の指ほどの大きさの丸々とした蛾の幼虫は、オーストラリアの先住民であるアボリジニにとって、ナチュラル・ファスト・フードあるいは「ブッシュ・タッカー」として食されてきた。アボリジニ以外のオーストラリア人は、こうしたうごめく恐ろしいものを口に入れるなど、おぞましいと思っているだろうとつい考えてしまうが、こうした食材が主要なスーパーマーケットで売られているのを目にする機会がますます増えている。実際に食べてみたときの感想は、さまざまだ。生で食べると、ねばねばした中身はアーモンドの香りがするという人もいる。フライパンで焼いたり揚げたりしてから食べると、その香りはまるでスクランブルエッグのようだという人もいる。そして——奇妙な食材がいつもそういわれるように——味は鶏肉とまったく変わらないと言い張る人もいる。

THE MARI LWYD

マリー・ルイード

●馬の死骸と一緒に季節を満喫する

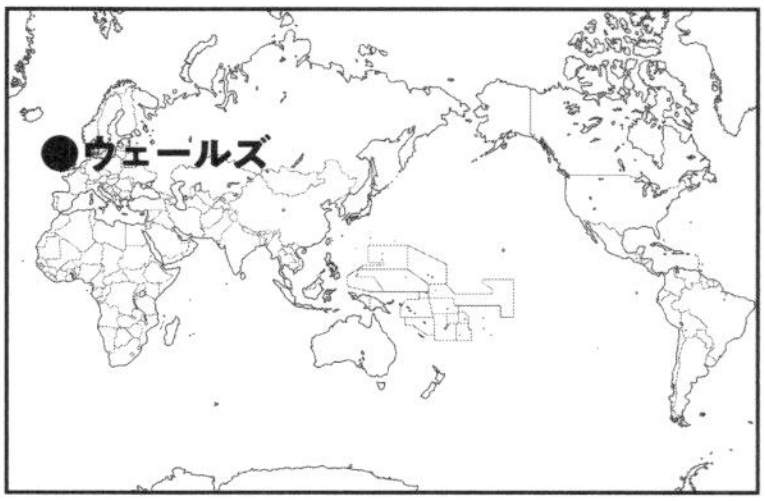

クリスマスを祝う国はどこも、聖なる祝日に自己表現をする独特の方法をもっている。ドイツ人はツリーにピクルスを飾り、スウェーデン人は巨大なユールゴート（ワラでつくるヤギのクリスマス飾り）をつくる。だがこの季節には、ほとんどすべての文化で馬が登場する。なんだかんだいっても、ルネサンス時代の芸術家の作品では、飼い葉桶のそばに馬が（少なくともロバが）いる。一年のこの季節、ウェールズでは馬が特に重要だ。馬に乗ったり、馬にそりを曳かせたりしない唯一の有名な伝統といえる。ウェールズ人がするのは、馬の頭蓋骨を帽子のようにかぶって家々を訪問し、みんなを死ぬほど怖がらせることだ。

ウェールズ人は、こうしたクリスマス・キャロルのウェールズ版を「マリー・ルイード」と呼

歌う馬のゾンビの祭り

んでいる。キリストの誕生を祝うというよりも、ハロウィンにやったほうがふさわしいように思える。馬の頭蓋骨を、きれいなリボン、蝶ネクタイ、安物の宝石、装飾品などで飾り立てたあと、ウェールズの民族音楽を歌う一団が、住民の家の玄関で歌をうたい、家のなかに入れてほしいと要求する。そのあと、プンコと呼ばれる歌合戦が始まる。家のなかにいる人は、ドアの外にいる者と同じくらい（あるいはそれ以上に）詩的に優れた歌を歌う必要がある。これは全員が疲れ切って、何か飲みたくなるまで続く。「トリック・オア・トリート」と同じようなものだが、家の住人はキャンディーを渡す代わりに、やがてドアを開けて、馬のゾンビとその手下たちに食べ物と酒を手渡さなくてはならない。

この種の慣習の多くがそうであるよう

に、歌う馬のゾンビを使って隣人を怖がらせるようになったのはなぜなのか、その理由は謎に包まれたままだ。しかし、どこかに古代の宗教がかかわっていると考えて間違いないだろう。参加者には無償で食べ物と酒が与えられるので、マリー・ルイードのメンバーが、お祭り気分の陽気なグループから、手に負えない迷惑な暴徒の集団へと変わることがある。彼らが住宅と同じくらい多くパブを訪れるという事実も、状況を悪化させている。ウェールズの一部の地域では、これに味をしめた人たちが大晦日に馬の頭蓋骨を引っぱりだし、酔っぱらって粗暴になった悪魔のように振る舞い、通りをいく人々を困らせている。だが、異教であることと公共の場での泥酔であることに対する苦情が何百年も申し立てられてきたにもかかわらず、この歌合戦をする馬の亡霊は存続しつづけている。

ミソサザイの日

クリスマスと生き物に関するウェールズのもう一つの慣習が、「ミソサザイの日」だ。この一九世紀の伝統は、「ミソサザイ狩りの日」とも呼ばれ、毎年十二夜（クリスマスシーズンの最後の日）に、飾り立てた竿《さお》のてっぺんにつくりもののミソサザイをくっつける。そして、藁でつくった仮面と衣装をつけた「ママー」と呼ばれる人たち（レンボーイあるいはストローボーイとも呼ばれる）が、その竿を高く掲げて町のなかをパレードする。悲惨なことに、昔は本物のミソサザイをフォークのような竿に刺していたようだ。ママーたちは、お金をせがみながら通りを練り歩き、幸運のお守りとしてミソサザイの羽根（おそらく血がついている）を配る。これはウェールズ人がクリスマスとハロウィンの違いをきちんと認識していない、さらなる証拠となるだろう。

自分用のマリー・ルイードのつくり方

家のなかにたまたま馬の頭蓋骨がある、もしくは合法的に頭蓋骨を手に入れる方法を知っているという人のために、カーディフにある一流のエクスチェンジ・ホテルのウェブサイトに掲載されているマリー・ルイードの正式なつくり方を紹介しよう。これを読めば、恐ろしいマリー・ルイードを自分でつくれるはずだ。

馬の頭蓋骨（本物もしくは特注品）
ガラスや大理石または安物の宝石を二つ
つくりものの耳
たてがみにするリボン
運ぶ人を覆う白いシーツ
頭蓋骨を高く掲げるためのほうきの柄

これらの材料がそろったら、大理石あるいは宝石を眼窩《がんか》につめ込み、リボンをたてがみにして、頭蓋骨をほうきの柄の先につける。そのとき、口が開閉できるようにしておく。運搬を担当する人は、シーツをかぶって、本気で馬の亡霊の役を演じること。

エクスチェンジ・ホテルは、この慣習が少し気味の悪いものであることは認めているが、「クリスマスシーズンに地元のコミュニティを一つにまとめる効果がある」と主張している。おそらく子どもたちも、クローゼットのなかで身を寄せあい、通りにいる怪物たちに食べられてしまう前にクリスマスが終わることを祈っているに違いない。

第8章
死

DANCING WITH THE DEAD

死者と踊る

◉よみがえってパーティーへ

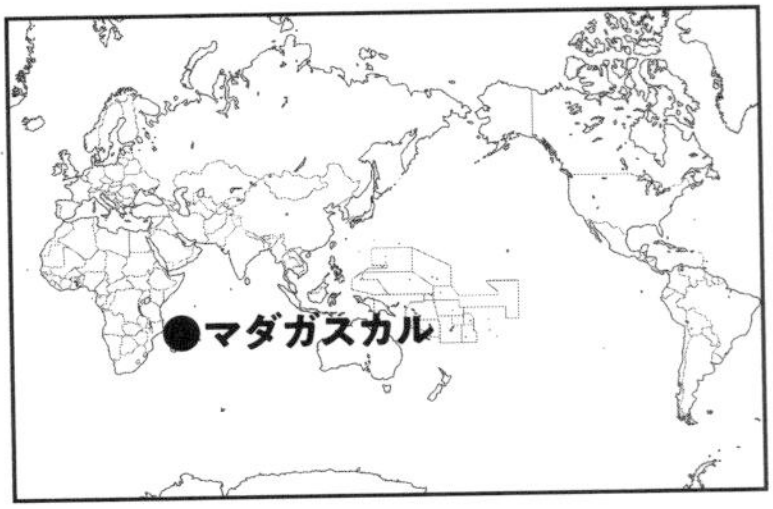

愛する人の死を受け入れるのは難しい。そのため、死を受け入れるまでの五段階の最初の段階は「否認」だとされている。そして、最後の段階は「受容」だ。アフリカの国マダガスカルの人々は、この二つの段階を、アルフレッド・ヒッチコックの『サイコ』顔負けの方法で合体させているようだ。亡くなった親族を掘り起こし、まるで長期休暇から戻ったかのように町のなかを引き回す。

ファマディハナ、もしくは「骨をひっくり返す」と呼ばれるこのパレードでは、遺体を掘り起こすだけでなく、遺体に新しいきれいな服を着せて香水をふりかけ、一緒に踊る。人々が愛する故人のまわりを円になって踊るという意味ではない。死体が踊りに参加するのだ（死体がダンス

先祖の遺体を掘り返して「踊る」

をリードするとは思えないが……）。

この慣習は数百年前から続いていて、先祖を敬い、世代間の絆を強め、幸運を手にするための神聖な手段と考えられている。家族に関する最近の噂話を、すでにこの世を去った先祖と共有し、将来のための賢明な助言を得る機会となっている。この儀式は、霊があの世へ行くために必要なものであり、遺体が完全に腐敗してから行われる。この過程には何年もかかるため、踊る儀式はたいてい五年から七年ごとに行われる。

一七世紀にキリスト教の伝道師がこの地に足を踏み入れたとき、彼らは予想どおりファマディハナを目にして震えあがり、なんとかやめさせようと力を尽くした（キリスト教徒が日曜日ごとにキリストの聖体の一部を「食べている」のを考えると、少し偽善的に思えるが、それについてはおいておこう）。しかし現在では、カトリック教会はこの儀式の文化的な重要性を認識し、宗教的な自主性を侵害しないことに決めて、「この慣習にはもう反対しない」と公式に述べている。死者は、一族の墓地に戻る前に、神父の困惑をよそに週に一度のミサに連れてこられることもあるだろう。この儀式を不穏なものだと思い、それにともなう慣行（多産を願うために古い埋葬布の一部を食べるといったこと）を気持ち悪いと思う人がいるのも無理はない。しかし、それらがすべて愛情によるものだということは、肝に銘じておこう。マダガスカルを訪問したある人が、ファマディハナを自分の目で見た経験について、こう語ったという。「私は、『最も不気味な儀式が見たい』と思ってあの土地を訪れた。だが私が目にしたのは、愛する人に対する究極の崇敬の形だった。あの儀式を見て、生と死についての私の考え方はすっかり変わってしまった」

誰もが、この昔からの慣習を熱心に支持しているわけではない。絹の覆いや、行事に現れる数多い親族のための食事を買うのに、とてもお金がかかるからだ。儀式中に演奏してもらう音楽家を雇ったり、一時的に空になった墓所を修復したりするのにも、当然ながら費用がかかる。タクシー運転手のランドリアマナンジャラ・リンドラは次のように語っている。「金の無駄遣いだ。それに、生きている人間と死んだ人間のあいだには、なんのつながりもない。死んだらそれでおしまいさ」。だが、参加者が減少しているとはいえ、ミイラ化した親族とワルツを踊るのは、マダガスカルで最も観光客に優しくない慣習として、しばらくは残るだろう。

だが、もしかしたらそうはならないかもしれない。政府当局はファマディハナを法律で禁じることを真剣に検討している。外部の人に不気味に思われているからではなく、この儀式が伝染病の流行を引き起こした可能性が考えられるからだ。そう、かつてヨーロッパの半分を死滅させた、あの病気だ。二〇一七年に、マダガスカルでは一〇〇人以上がペストによって死亡した。それがあって、周辺の国々はマダガスカルと交易を行う際（そしておそらくは、「親戚の集まり」のための数日の休暇から戻ってきたばかりの人と握手をするとき）には気をつけるよう、世界保健機関（ＷＨＯ）から正式に警告を受けている。それでも、その警告に耳を傾けることを拒否し、そうした行動はすべて政府の陰謀だと考える人が必ず出てくるに違いない。ある女性は次のように述べている。「疫病であろうとなかろうと、ファマディハナはこれからも続ける。だいたい……疫病なんて嘘なんだから」。彼女が麻疹《ましん》や赤痢《せきり》や疥癬《かいせん》の存在も否定しているかどうかはわからない。誰もが満足するような妥協案が見つかるといいのだが……。ここ数年の特殊効果技術の進歩をもってすれば、マダガスカル政府はテレビドラマ『ウォーキング・デッド』の制作にかかわった専門家を何人か雇って、ダンス用におばあちゃんの本物そっくりの複製をつくらせればいい。そうすれば、病気に感染した本物のおばあちゃんは埋葬されたままでいられる。ウィン・ウィンの関係ではないだろうか。

最も不思議な生き物

人々が死んだ親族と一緒に歩いているのはたしかに奇妙だが、マダガスカルにはそうした光景が普通に思えるほど奇妙な野生生物がたくさんいる。マダガスカル島がアフリカ大陸から分離して以来、この地では基本的に進化が暴走し、世界最小のカメレオンや、間違いなく世界で最も衝撃的な哺乳類といえるアイアイなど、めずらしい生物を生み出した。

最も悲惨なペスト

現代では、腺ペストは「貧困の病気」とされているが、それは間違いではない。マダガスカルは世界で最も貧しい国の一つだからだ。マダガスカルでペストが流行したのは、ファマディハナに加え、中世のときと同じ問題があったからだ。非衛生的な環境と、ペスト菌を保有するノミの宿主であるネズミとの接触が多いことである。

FANTASY COFFINS

独創的な棺

◉できるだけおしゃれをして出かける

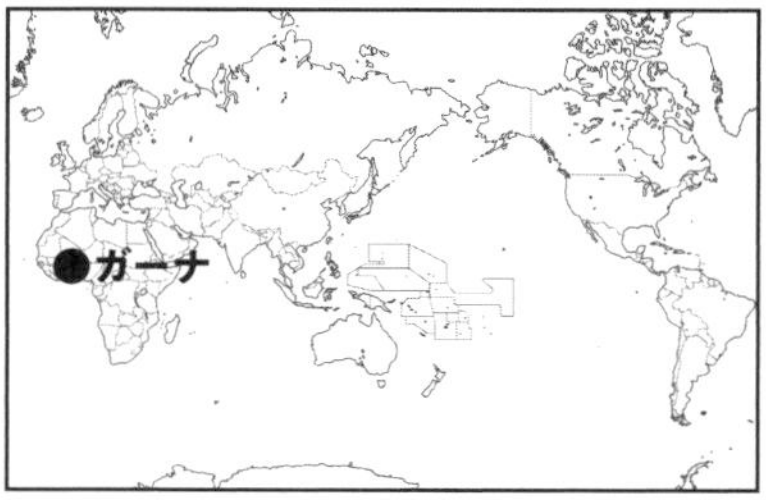

地球上のすべての文化が、死を厳粛《げんしゅく》に扱うとはかぎらない。素朴な石と悲しげな空気に満ちた墓地の代わりに、愛する故人の墓地を花で飾って華やかにしている場所がたくさんある（メキシコがそのよい例だ）。西アフリカの国ガーナでは、この考えをさらに発展させて、天国への旅を色鮮やかで想像力に富んだものにしている。彼らはそれほど奇抜なことを考えたわけではなく、地中に埋められる前の棺のデザインについて考え直したのだ。

ガーナの南東部に住むガ族は、味気ない六角柱の棺に死者を納めたくなかった。そのため彼らは、故人がどんな人でどんな仕事をしていたかがわかるような形に彫った、インスタ映えしそうな「おしゃれな棺」をつくるようになったのだ。たとえば、故人が漁師だったなら、巨大な木製のティラピア（アフリカ原産の淡水魚）のなかに葬るというように。パイロットだったら、ミニチュアの飛行機のなかに入れるのかもしれない。産婦人科医は巨大な子宮の形をした棺に納められるなんていうと、冗談だと思うかもしれないが、本当だということを証明する写真がある。少なくとも、酔っぱらいで有名だからといって、巨大なビール瓶に入れられてあの世に向かうより、いくらか敬意を感じる（ちなみにビール瓶の棺も実際にあったようだ）。へんてこなメリーゴーラウンドのような棺を特別につくる理由は、ガ族の来世に対する考え方と関係がある。ガ族は、死んだあとも人間は生きていたときと同じ仕事をすると信じている。そして、亡くなった先祖たちが強力な存在なので、残された家族は、影響力をもつ先祖にまもなく仲間入りをする故人のご機嫌をとろうと、できることは何でもするのだ。社会的な身分も反映させ、埋葬当日になってようやく家族以外にも披露する（誰かが、巨大な鶏、携帯電話、機関銃、カニなどが置かれた専門職人の作業場で、こっそり盗み見ないかぎりは）。トカゲやソーダの瓶に永遠に詰め込まれるのが、どれほどの敬意の表れかを理解するのは難しいかもしれないが、自分の欠点を象徴する何かに入った状態で地中に埋められるのは、勘弁してほしい。たとえば、空のアイスクリーム容器が散らばった汚いソファ……。

もう一つ人気があるのが、「ことわざの棺（ガ語でokadi adekaiという）」である。この棺はガ族の伝統的な格言を想起させるものだ。かつては族長や神父の唯一の関心事だった棺桶が一九五〇年にカスタマイズされると、オーダーメイドの棺がブームとなり、それをつくった職人のなかから有名人が生まれた。クジョー・アフトゥ、ダニエル・メンサ、パー・ジョーといった棺桶職人

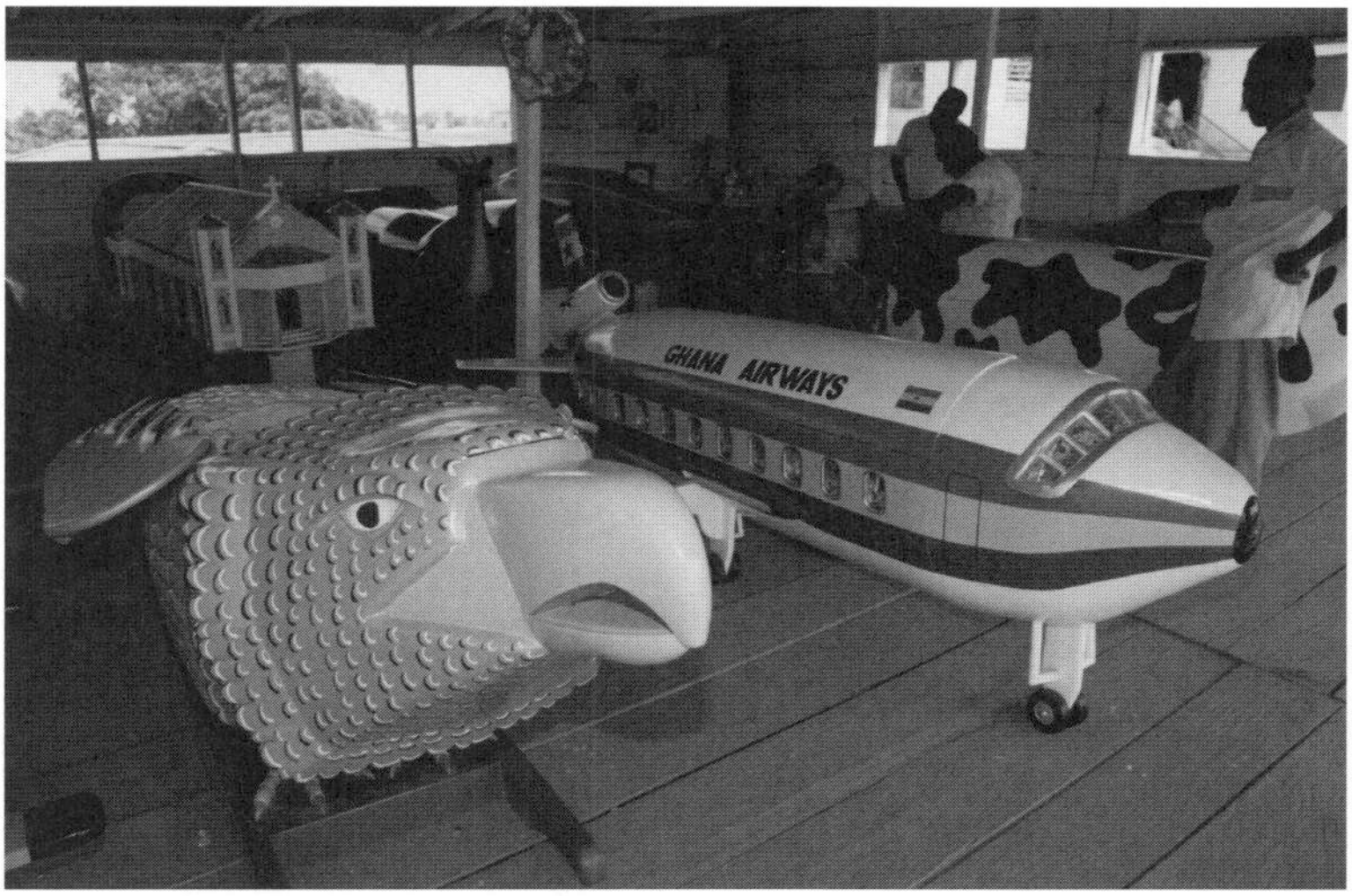

衣装を凝らした死者のための「乗り物」

が、西欧のドキュメンタリーに出演し、さまざまな国際イベントに参加するようになり、世界じゅうの美術館や展覧会で作品を披露してきた。パー・ジョー（本名はジョセフ・アションン）は、叔父からこの仕事を習い、一九七四年からファンタジー・コフィンの制作をなりわいにしている。元国連事務総長のコフィー・アナンや元アメリカ大統領のビル・クリントンとジミー・カーターも彼の作品のファンだ。カーターは自分用に二つも棺を購入している。おそらくピーナッツの形をした棺なのだろう。ジョーは息子や見習いと一緒に世界ツアーを続けていて、その行き先リストにはアメリカの大学も入っているので、ジョーの作品を実際に目にする機会があるかもしれない。

いっぷう変わった棺という考えは、もう

少し威勢よく旅立ちたいと思っている人にとっては、たしかに実行可能な選択だ。ここ数年、そうした考えは西アフリカの範囲を越えて広がっている。だから、もしあなたが、二メートルあるＸｂｏｘのコントローラーか、巨大な七層のブリトーに入って埋葬されることによって自分の葬儀に趣を添えたいと思っているなら、はるばるガーナまで出かける必要はない。ガ族の創造性に刺激を受けて、目新しい棺の人気は高まっている。イギリスのクレージー・コフィン社は、ぼろぼろのユーゴ（旧ユーゴスラヴィア製の低価格の車）から、ヘヴィメタのギター、『スター・トレック』に登場する宇宙船エンタープライズのレプリカまで、あらゆる形の棺を製造している。あるいは単に、ロック・スターのジーン・シモンズから「キスカスケット」（キッスのロゴとメンバーの写真が飾られた棺）を購入してもいい。たどり着く先でどんなふうに迎え入れられるか、気にならないのであれば……。

自然がもつ死の落とし穴

ガーナには毒蛇がたくさんいる。コブラやパフアダーといった蛇がガーナに生息している。獲物を絞め殺すのに長けたニシキヘビも見られる。一刻も早く自分の奇抜な棺に入りたいという人は、つま先の開いたサンダルであたりを好きなだけぶらつくといい。その場合、あなたの棺はおそらく、幸せそうな太った蛇の形になることだろう。

葬儀が陽気なお祭り行事となっているその他の国々

▼メキシコ――色鮮やかで花がいっぱい飾られた墓地が死者を歓迎する

▼ボツワナ――愛情を込めて「涙のあとのどんちゃん騒ぎ」と呼ばれるお祭り騒ぎが、葬儀のあとに行われる

▼バリ島の燃える雄牛――死者の体が土に帰り、魂が燃え上がる

指の切断

FINGER CUTTING

◉切断することで苦悩を表現する

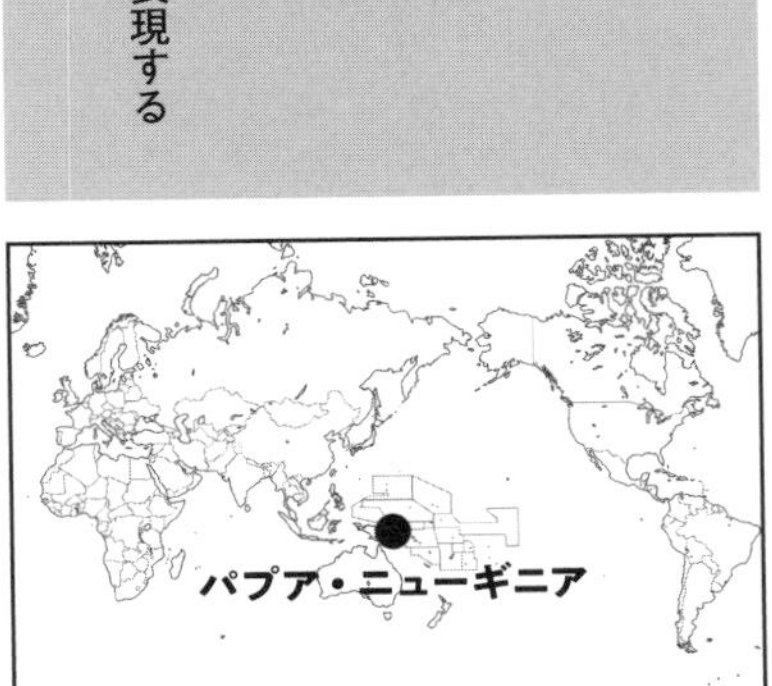

キューブラー・ロスの心理学的モデルによると、死の受容の五段階は、否認、怒り、取引、抑うつ、受容である。パプア・ニューギニアには、第六段階がある。それは、指先を関節のところで切り落とすことだ。ダニ族は、ほかのいくつかの文化のように、自分に身体的苦痛を与えることが心の痛みを示す重要な方法だと考えている。ダニ族がそのために選んだ方法によると、まず不運にも選ばれた指の上半分に、指の感覚がなくなるまで約三〇分間ひもを巻きつける。そうすれば、斧を振りおろしたときや傷口を焼いて血を止めるときにあげる悲鳴が少しは小さくてすむ。

ダニ族の社会では、この慣習に従うのは女性だけだ。ダニ族の女性たちは、子どもや家族の誰かが死んだあと、自分の骨と肉を捧げる。そうすることによって、あの世の望ましくない霊を満足させ、追い払うことができると信じているのだ。その霊というのは、間違いなく姑のことだろう。この慣習は、指先の器用さを必要とする仕事には差しさわりがある。だが、普通に家事をするぶんには、指の関節が少なくても大した問題はない。

ダニ族の女性は、テレビや映画でよく見る「ゾンビにかまれて絶望的になった生存者」のように、自分で指を切り落としたりはしない。その役目は、身近にいる家族が引き受ける（おそらく最高の腕前としっかりした手をもつ者）。独自の文化的伝統を維持しようとするのはたいてい難しいが、むごたらしい自己切断を推奨するとなると、さらにハードルが高くなる。この慣習が徐々に消えつつあるのは、おそらくいいことなのだと思う。結局のところ、もしあなたが大家族の一員の女性で、数年のうちに一五人もの親族が死んだりしたら、いったいどうするのだろうか。切り落とした指を両手いっぱいもっていたってしかたないはずだが、ダニ族を写したたくさんの写真を見ると、そうなる可能性もないとはいえない。

だが、パプア・ニューギニア人には、人体器官を扱うもう一つの手段がある。ぜひ数百年後にも残っていてほしいと思うものだ。それは、男性とコテカ（「ホリム」または「ペニスケース」とも呼ばれる）に関係している。コテカは、男性生殖器を守ると同時に華々しく見せる（スーパーボールのショーを想像してほしい！）ために使われる、細長い鞘だ。装着されたコテカの違いを見れば――上向きか横向きか、太さはどれくらいかなど――どの部族かがわかる。装飾としてだけでなく、実用的な目的に使われているものもある。お金や煙草の貯蔵場所になるのだ。おまけに、お金や煙草を他人と共有しなくてすむ、すばらしい方法でもある。

古くからあり、痛みをともなうパプア人の伝統としてもう一つあげられるのは、成人の儀式だ。年頃になったサンビア族の少年は、体から母親の血を抜き取ることによって「男性化」する必要があると考えられている。この血液の排出は、少年を男らしい戦士にするためのものであり、いくつかの方法がある。たとえば、尖った葦の茎を鼻に突き通したり、空洞のある茎を首に刺したりする。こうしたやり方で、少年がゲイになるのを完全に防ぐことができるとはとうてい思えない。

そんな慣習があるのなら、パプア・ニューギニアにはゲイやトランスジェンダーのコミュニティなんて存在しないはずだ――あなたはそう思うかもしれない。同性愛が同国で禁じられているのはたしかだが、ゲイが起訴される件数は年々減ってきている。さらにいまでは、ＬＧＢＴコミュニティのメンバーがようやく安心して暮らせる村がある。首都ポートモレスビーの郊外にあるハヌアバダは、ＬＧＢＴの人が堂々と通りを歩いても襲われる危険がない、この国で唯一の場所かもしれない。この村に常時住んでいるゲレゲレ（彼らは自分たちのことをそう呼んでいる）はわずか三〇人ほどで、一時的に滞在して去って行く者がいるので、その人数は変動する。だが、パプア・ニューギニア国内でＬＧＢＴに対する態度が変わりつつあるので、当然、その人数は増えていくと思われる。

そうした感覚や感情を変えるのに役立っているのが、ＰＮＧ人権映画祭で上映された『グアバとバナナ――パプア・ニューギニア（ＰＮＧ）で生きるゲイ』という作品だ。制作者のヴラド・ソクヒンは、自分の映画が状況をどのように改善するかについて、次のように語った。「私たちは、こうした事柄についてもっとオープンに話すべきだ。この国ではまだタブーだとわかっているが、話し合うことでなんらかの変化が生まれるだろう」

サイクロプス山で戦い踊る

ダニ族は、サイクロプス山脈にあるバリエム渓谷に住んでいる。この一帯は、島のほかの地域と同じようにインドネシアの統治下にある。そこに行くには飛行機を利用するしかないが、訪れる外国人ハイカーは増える一方であり、彼らは一九三八年になってようやく西側世界に知られるようになった文化を楽しんでいる。そうしたへんぴな場所にあるこの渓谷は、パプアの全部族が参加する「アート・オブ・ウォー・アンド・ダンス・フェスティバル」の開催地でもある。近年では戦いよりもダンスが多いことを願うが、そこに行ったことのある少数の外国人によると、「忘れられない、一生に一度の経験」になるそうだ。

ペニスサック作戦

一九七〇年代の初め、インドネシア政府は「コテカ作戦」に着手した。これは、パプア・ニューギニアの先住民族の男性にペニスサックや伝統的な衣装を身につけるのをやめさせ、見学に訪れた（そして大金を払って自分用のコテカを買って帰る）観光客のように、Tシャツとズボンを着用するよう促すものだった。しかし新しい服は、パプア人が洗濯のしかたを知らなかったために皮膚病を引き起こす始末だった。当然ながら、コテカはいまも島でよく使われている。

HANGING COFFINS

吊るされた棺

◉少なくとも洪水の被害にあう恐れはない

歴史上、ほぼすべての文化が、たとえどんなに奇妙な準備を遺体に施すにしても、死者を地中に埋めるのを前提としている。病気や悪臭や動物による遺体損壊といった多くの問題を考えると、それは当然だと思える。しかし、すべての人が死者を冷たい地中に埋葬するとはかぎらない。たとえば、フィリピン北部のイゴロット族は、愛する人の遺体を棺桶には納めるものの、天候が許すかぎりそれを崖にしばりつけ、つるしておくのを好む。少なくとも、シロアリがそこに到達する方法を見つけるまでは。

　つるされた棺は、サガダの村のエコーバレーと呼ばれる谷に見られ、あまりに高い位置にあるので肉眼ではほっきり見えないものもあれば、十分低い位置にあって観光客を驚愕させるものもある。イゴロット族は、スペイン人がやってくるよりはるか昔の二〇〇〇年以上前から、この風習を実践してきたと思われる。現在でもまだ棺が崖につるされている。一つの理由は、「高いところに行くほど天国に近づく」と考えられているからだ。もう一つの理由は、湿気の多い気候と関係している。湿潤土は埋葬に適さない。それに、敵が戦利品として頭部を盗み出そうとする可能性もある。数多くある理由のなかでも、それがいちばん納得のいく理由かもしれない。

エコーバレーの不吉な雰囲気に加えて、この渓谷にはほとんど日光があたらない。そして当然ながら、棺の一つが落ちてきて、観光客の目の前に中身をぶちまける危険もおおいにある。棺は永遠に宙につるされるようにはつくられていない。家族は棺をブドウの木の蔓で縛っているので、いずれは大地に帰るものと知っている。そうして、新たにつるされる次の世代の死者に場所を譲るのだ。

棺そのものは小さい。中に入っているのが、子どもや、何らかの理由で発育が阻害された人だからではない。遺体が折り曲げられ、胎児のような姿勢で詰め込まれるからだ。誰もが生まれてきたときと同じ姿でこの世から出ていく、と信じられているのだ。棺に何らかの彫り物をするのは、いつの日かその棺に入ることになる本人の仕事だが、あまりにぐずぐずしているようだと、親戚の誰かがその役を引き受ける。

最近亡くなった人を、その棺がつるされる場所に運ぶときがくると、家族や友人たちの列が、遺体をかきむしろうとする会葬者を払いのけなければならない。会葬者たちは悲しみのあまりそんなまねをするのではなく、死者の血を手にとって、それを自分になすりつけるのが目的だ。そ

落ちて「中身」がぶちまけられる危険がともなう

うすることによって、死者の技能が生きている人間に受け継がれると信じているのだ。

イゴロット族の墓地で目につくもので、（棺がところせましとつるされている崖ではまだ満足していない人のために）最後に触れておきたいのは、棺のそばにくくりつけられている木の椅子だ。（当然ながら）「死の椅子」と呼ばれていて、遺体は小さな棺に押し込まれる前に、このサンガジルという椅子の上に座らされる。亡くなるとすぐに、遺体はサンガジルの上に固定され、毛布で覆われる。遺体がきちんと支えられ、見せられるようになると、弔問《ちょうもん》に訪れる親戚や友人たちがお参りできるよう、顔が玄関に向くように置かれる。その状態が数日つづくため、臭いという厄介な問題が発生することがある。そこで、急速な腐敗と悪臭を防ぐために、遺体はドイツの「黒い森のハム」のように燻製《くんせい》にされる。遠い昔、イゴロット族に「首狩り」の習慣があったのは間違いないが、「人食い」が生活の一部だったことはないと考えられている。

絶対に持ち帰ってはいけない

中国中部にも、棺をつるす風習がある。福建省の東部などでは、懸棺《けいかん》が岩の割れ目に押し込まれていたり、崖に打ち込んだ杭に支えられていたり、崖の洞窟のなかに山積みにされていたりする。この風習は三〇〇〇年ほど前から行われているが、どうやって棺をそこまで運んだかはまだわかっていない。

ファッショナブルな死体

ミンドロ島のハヌノオ・マンニャン族には、死体を陳列する「クトゥコット（kutkot）」と呼ばれる慣習があり、家族のメンバーが死者となった親族の遺体を掘り起こして新しい服を着せる。それから、遺体をマネキンのような「シナコット（sinakot）」の形に整える。干からびた死体ではなく、できるだけ生きている人間のように見せるためだ。この風習を支持する者はいまでもいるが、年々減ってきている。とはいえ旅行者は、派手な服を着た見知らぬ高齢者に、どうしたらそんなにほっそりとしていられるかと尋ねるときには、十分注意が必要だ。

MUMMIFICATION

即身仏

◉パレオ・ダイエット（旧石器時代食事法）より本格的

エジプトのミイラばかりがさかんにマスコミに取り上げられるが、栄華を願って死者をミイラにして保存しているのは、エジプト人だけではないことを忘れてはいけない。未来の世代の考古学者たちが墓から引きずり出して、流し目を送ってくる美術館の後援者のために展示することを想定して、親族を気味悪いミイラにする――それは数千年にわたって、多くの文化で行われてきた慣習だ。だが、即身仏はきわめてめずらしい。死んだあとで専門家に死体の保存処理をしてもらうのと、まだぴんぴんしているうちに自分でそれをやるのとは大違いだからだ。

即身仏というのは、昔の仏教僧が自らミイラになろうとした試みのことだ。具体的にいうと、僧侶は体を保存するのに適した特別なものを食べた。食べ物には、樹皮、松葉、樹脂などが含まれていたため、こうした僧は「木を食す人」と呼ばれた。ほかにも、バクテリアの増殖を抑えるために、毒のある草や木の実を食べた。また漆《うるし》をつくるのに使われる樹液でできたお茶も飲んだが、これは基本的には防腐剤と同じ働きをする。即身仏になるのはさぞかし大変だったに違いない。

数百年のあいだに、数百人の僧侶が即身仏になろうと試みたと考えられているが、成功したことが記録されているのはわずか二四人。圧倒的に高い成功率とはいえない。なかには、即身仏になるために、熱心なヴィーガンでも耐えられないような「木食中心ダイエット」よりも、寒くて乾燥した気候のほうが必要だったと思われるケースもある。実践した僧たちは、この過程を自殺ではなく、悟りへの道だと考えた。僧たちが注ぎ込んだ時間を考えると、この失敗率はかなり気のめいるものだ。僧侶の多くは、森で見つけた残骸や、ほとんど食べられないような木のかけらをかじって数年を過ごし、栄養失調と毒素で死ぬことになる。だが、苦痛と空腹のつらさは「悟りの境地に達する」ための厳しい試練のほんの一部にすぎない、といわれている。

現在では、即身仏になろうと耐え忍んでいる仏教僧を目にすることはない。だがそれは、極楽浄土への道を求める日本人がいなくなったという意味ではない。「就活」をもじった「終活」という言葉は、自分の葬儀の計画を慎重に立てることを指す。高齢化の進展と出生率の低下によって、そうした心配は理解できる。いまでは参加者が棺にためしに入り、死装束を試着し、ふたの開いた棺で自分がどう見えるかを知るために化粧をできるセミナーや展示会まである。

日本の葬式に参列するときに備えて、覚えておくべきマナーがある。まずは、西欧の葬儀と同じく、黒い服を着るのが一般的だ。あなたが慣れ親しんだものと違うのは、贈答に関する決まりである。日本には、お金を入れた封筒を親族に渡す慣習がある。縁起をかついで、お札の枚数と合計金額がともに奇数になるよう気をつけること（金額は五〇〇〇円から三万円のあいだ）。足して四になるものはすべて避けること。ほかの項目で書いたように、幸運の逆を意味するからだ（その場にはふさわしく思えるかもしれないが）。もし払いすぎたと思ったら、通夜のあいだ、ずっとその場にとどまっているといい。参列者は帰るときに、たいていは自分が封筒に入れた金額の四分の一から半分に相当する品を貰えるからだ。だから、全体的に見ればそれほど悪い取引ではない。ミイラになるために数年間を費やし、結果的にふつうの遺体になってしまうよりは、ずっといいに違いない。

骨壺よ、さあ光って

現在、日本の火葬率は世界でいちばん高い。だが誰もが、おじいちゃんやおばあちゃんを炉棚の上に置いて、灰を集めるだけで満足しているわけではない。そこで日本は、先端技術に対する愛情をその課題に振り向け、電子墓地をつくりだした。それは厳粛な沈思の場というよりも、プラネタリウムでやっているレーザー・ショーのようだ。たとえば、東京にある「瑠璃殿」という永代供養納骨堂には、約二〇〇〇の小さな祭壇がある。祭壇は故人の遺骨を収納しているだけでなく、親族の誰かがスマートキーを使って建物に入ってくると点灯する仕組みになっている。

アイボはエレクトリック・ドリームを見るのだろうか？

もしあなたが、日本人はいったいどれだけロボットが好きなのかと考えたことがあるなら、これを検討してほしい。アイボ（AIBO）は、世界で最初の「性格」をもつ家庭娯楽用のロボット犬だ。登場したのは一九九九年で、とても人気のある製品だった。つまりそれは多数の「死んだ」アイボが世の中に存在することを意味し、その多くが、製造会社であるア・ファン（A・Fun）に送り返されてきた。ア・ファンは、返品されてきたアイボをすべて廃棄場に投げ捨てたり燃やしたりはせずに、寺に持ち込んで伝統的な葬儀を執り行ってもらった。ある僧侶は、その状況についてこう語った。「利益追求型の企業が、プラスチックやケーブルでできた製品に対して、この種の感傷的な行動をとるのは少し変だと思っているなら、ご安心ください。葬儀のあと、アイボは分解され、ほかの装置や、いずれアメリカで発売するかもしれない新世代のロボット犬の部品として活用されますから」

DEATH BEADS

死の数珠

◉もはや死ぬだけでは終わらない

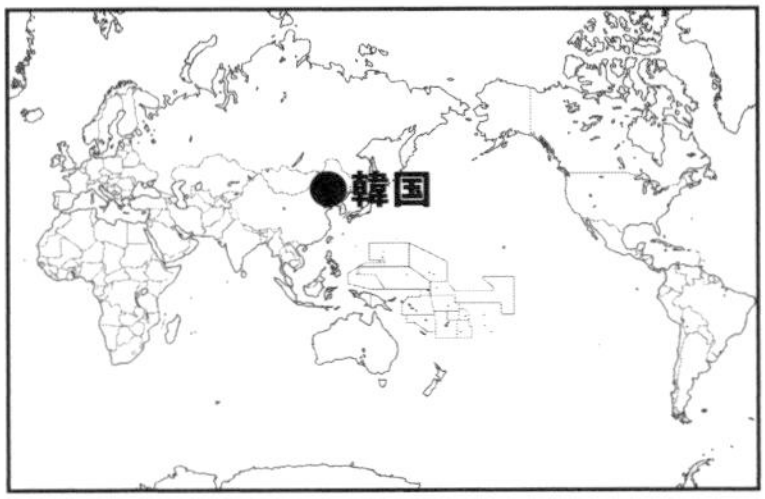

もしあなたが、どんな宝石を身につけようか迷っているなら、いい考えがある。愛する人が亡くなったら、溶かして数珠にして首か手首にかければいい。

日本と同じで、韓国は高齢化が進む一方で、赤ん坊の数が少なすぎてそのギャップが埋まらない状況にある。実際には、高齢者がどの先進国よりも速いペースで増えていて、低い出生率が最も警戒を要する統計値の一つとなっている。日本人は日本列島という小さな島で暮らしているが、韓国人もまた、朝鮮半島（北には無鉄砲で残忍な独裁国家がある）という地理的な制約を受けた場所で生きている。そのため、墓場はもっと創造的に敬意を表する方法にとって代わられた。現在流行しているのは、自分の祖父を溶かして「死の数珠」と呼ばれるものに変えることだ。

ボンヒャンという会社が、死の数珠を発明した。彼らは、死者の遺灰を骨壷に入れるという伝統的な慣習に代わる方法を提示している。遺灰を加熱してガラス玉をつくるのだが、『ロサンゼルス・タイムズ』のチェ・ジュンユンによると、それはベルーガ・キャビアのような見かけだという。作業そのものには一〇〇〇ドルも掛からない。できたビーズは食用の魚卵に似ていて、青、緑、ピンク、黒といった華やかな色になる。もし受け取ったビーズが、あなたの気分しだいで色が変わるようなら、悪魔払いを呼んだほうがいいかもしれない。

死のビーズをつくる意義は、亡くなった親族を、仲間うちで賭けたり交換したりする「友情のブレスレット」に変えることではなく、亡くなった先祖を身近に感じられる装飾性があって、あまり重苦しくない手段を生み出すことにある。この会社のCEOのペ・ジェユルは次のように語っている。「この数珠を、気持ち悪いとか怖いとか感じることはありません。実際は神聖で暖かいものです」。いまのところこの数珠は、一〇の遺体のうち三体しか埋葬されていない韓国ではやっているようだ。二〇〇〇年には、その年以降に埋葬された遺体は六〇年後に掘り出さなくてはならないと定めた法律が施行されたが、それもボンヒャン社の経営に有利に働いた。ついでにいうと、二〇六〇年に韓国旅行に行く計画があるならば、二〇六一年に延期したほうがいいかもしれない。二〇六〇年には、少しばかり奇妙な状況になっていると思われるからだ。

ペ・ジェユルは自分の両親の墓を掘り返し、遺体を死のビーズにすることによって、自社の製品への心からの信頼と、自己宣伝のすばらしい才覚を発揮した。そして親族を高温で溶かして数珠にするというアイデアを、アメリカ、ヨーロッパ、日本で売り込んだ。だが、韓国に比べて関心は集まらなかった。それに批判的な人たちは、すべてがあまりにも人工的で、死者が自然な姿に戻るのが妨げられると感じた。ペ社長は、競合他社よりも自社が優位にあると考えている。なぜなら、ほかの会社は数珠に鉱物を添加しているからだ（愛情の代わりかもしれない）。

愛する人を数珠にして、ずっとそばにいるというのは、ある程度は韓国人の共感を呼ぶかもしれない。韓国の伝統的な考え方に、誰かが死にかけているとき、その家族はその人が亡くなる直前にはそばにいなくてはならないというものがあるからだ。もしそのときそばにいないと、死者はさまよえる霊になってしまう恐れがある。だが、幽霊という意味ではそれほど悪いものではない。隣の中国で幽霊になってしまうのと比べれば、ずっとましだ。中国には、臭口鬼《しゅうこうき》（「口の悪い」幽霊で、息が自分でも嫌になるくらい臭い）や、自分の悪性腫瘍から出る膿を餌にする腫瘍の幽霊などがいるからだ。

古い習慣を守る韓国の葬式に関しては、たくさんの決まりごとがある。まず、誰かが亡くなったときは、大勢でその死を嘆かなければならない（「哭《コク》」と呼ばれる）。そして、そのあいだに死者の服を脱がせ、それをもって屋根に上がり、北の方角に向かって死者の名前を三回唱える。一方、遺体は頭が南を向くように置かれる。髪の毛と爪を切って袋に入れ、遺体を清めたあとは死装束を着せ、口のなかに米と豆と硬貨を三枚入れる。ここでは触れないが、守るべき慣例はほかにもたくさんある。

永遠の労働者のためのパラダイス

朝鮮民主主義人民共和国には、忠実な国民を共産主義者の天国に送りこむ独自の方法がある。ある脱北者によると、最初にするのは、体液の見苦しい漏出を防ぐために耳と鼻に綿を詰めること。それから、マルクス主義者の約束の地に着くまでの食事として、口に米を詰めること。遺体は三日間、棺の上に置かれる。そのあいだ誰かがそばに座って、死者が生き返らないかどうかを見張る（最初の二つの作業を終えたあとではありそうもないが、北朝鮮の医学レベルを考えると、生き返る可能性はきわめて高い）。三日目になっても動きがなければ、ようやく埋葬か火葬のときを迎える。

国民よ、泣くんだ！　さもないと……。

金正日《キムジョンイル》（父親の金日成《イルソン》の後を継いだ、北朝鮮の第二代最高指導者）が二〇一一年に亡くなったとき、あまりにも多くの嘆き悲しむ大衆が映し出されたので、北朝鮮の国営放送が多重録音したディズニー映画『黄色い犬』を国じゅうのすべてのテレビに送り込んだのかと思うほどだった。大げさに嘆き悲しみ、通りをさまよう姿は、すべて本物だったのだろうか。それとも、ある種の集団ヒステリーだったのだろうか。あるいは、十分に涙を流さなかったという理由で強制収容所に送られるのを、なんとしても避けたかったのだろうか。おそらくそのすべてだろう。だが、政権に対してどんな意見をもっているにしても、前日に職場でおかしな話を聞いて、ことあるごとに思い出し笑いをしていた人にとっては、最悪な状況だったに違いない。

MORTUARY TOTEM POLES

死のトーテムポール

◉ここからなら自分の家をずっと見ていられる

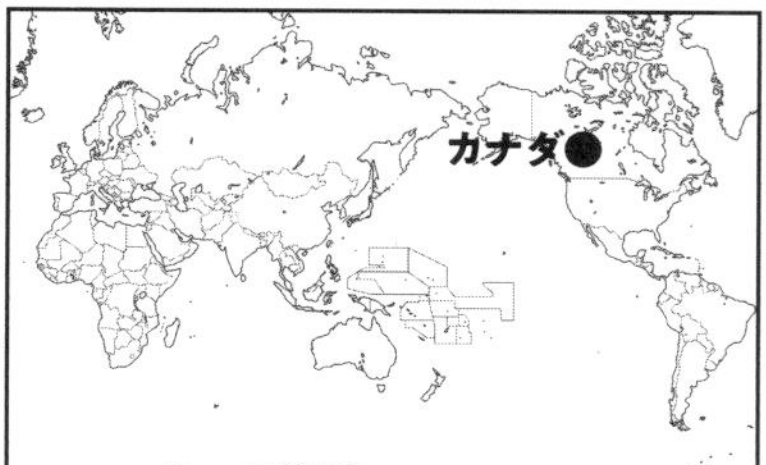

アラスカやブリティッシュ・コロンビアの先住民のことを考えるとき、氷でできたイグルー（氷のブロックを重ねてつくるイヌイット族の住居）や、快適なマクラク（毛皮でつくった長靴）と一緒に最初に心に浮かぶのは、威厳のあるトーテムポールだ。それは象徴的な装飾を施した立派な塔で、木に彫られた動物や伝説上の生き物は、想像力をかき立てるとともに、それを立てた職人の伝統と家柄を力強く示している。巨大で垂直な紋章のようなものだと考えればいい。そういえば、トーテムポールの不安定なてっぺんに、死者をそのまま詰め込んだものもあった。

ブリティッシュ・コロンビア州沿岸のハイダ・グワイ諸島に住むハイダ族は、トーテムポールを制作する技術の最も優れた部族として知られている。またトーテムポールのあり方に関して、既成概念にとらわれない考え方をすることでも有名だ。彼らは「墓棺柱」という特別なトーテムポールを建てて、死者の遺体をそのなかに保存したのだ。ところで、一八六二年に天然痘で多くの死者が出たあと、たくさんの墓棺柱が建てられ、トーテムポール以外にほとんど何もない村が数多く残された。そうしたトーテムポールも腐る一方だったに違いないが、一九五〇年代に関心をもつ研究者たちの努力で、残っていたハイダ族のトーテムポールは腐敗を免れた。そうしてこの繊細な芸術作品の多くが、ブリティッシュ・コロンビア大学に運ばれ……輸送中に激しく破損したあと、倉庫のなかで腐敗しつづけた。

ブリティッシュ・コロンビアの独特な形状の死の弔い

　トーテムポールの非常にめずらしい形態である墓棺柱は、概して次にあげる五つのタイプより高さがある。

▼家屋柱
▼家柱
▼記念柱
▼招待者像柱
▼辱《はずかし》め柱（これについてはのちほど触

れる）

トーテムポールは二〇メートル以上の長さになることがあり、身分の高い人が永眠できる場所となるのに加え（強風が吹かなければの話だ）、最も近親の者が誰なのかも示している。遺灰か遺体全体が柱のいちばん高い部分に保管されることもある。そこには、ワシを撃退するための何らかのしかけがある。それは、リスを寄せつけないために鳥の餌台についている、プラスチックの保護板のようなものだ。

辱め柱について、読者がもっと知りたがっているのがよくわかるので、それについて興味深い話を一つ披露しよう。国務長官だったウィリアム・H・スワードを覚えているだろうか。アラスカを購入した人物だ。それを「スワードの愚行」と評したのは誰だっただろうか。アラスカ州全体をロシアからわずか七二〇万ドルで買ったスワードは、先住民族のトリンギット族からあまりよく思われていなかった。トリンギット族が彼に敬意を表してポトラッチの祝宴を開いたとき、十分な感謝とお返しをしなかったと思われたからだ。そこで当然ながらトリンギット族は、辱め柱のてっぺんに悲しげに座るスワードの姿を永遠に刻みこんだ。赤く塗られた鼻と耳は、けちで嫌なやつであることを象徴している。

誰もがトーテムポールに刻まれるわけではない。それはハイダ族で最も身分の高い人々だけに許される特権だ。苛酷な環境が厳しい慣習を生んだようで、一般の人はたいてい共同墓地に投げ入れられ、奴隷は太平洋に投げ捨てられてシャチの餌食となった。一八〇〇年代に、この地域のいくつかの部族は野蛮な人食い人種だと決めつけられたが、そうした報告は、征服したことの口実として話を膨らませた中傷にすぎなかった。当時、人食いを実践していた人間の大多数はイギリスの探検家たちだった。一八四五年に行われたサー・ジョン・フランクリンの遠征の悲劇的なケースがそうだった。「エレバス号」と「テラー号」というぴったりの名前をもつイギリス海軍艦艇で出発した乗組員たちは、氷に閉じ込められて身動きがとれなくなり、次々と死んでいった。そしてとうとう、共食いを始め、骨を折って骨髄をすするまでになった。

辱め柱

柱の頂上にある死体を探すことに特に関心がない人にとって、おそらく最も興味深いトーテムポールは、誰かを愚弄するために建てられるポールだろう。それは「見せしめ柱」あるいは「辱め柱」と呼ばれ、たいていは借金が返済できなかった人を愚弄するために建てられる。集団全体を愚弄するのは聞いたことがないが、大企業が対象となった例はある。二〇〇七年には、エクソン・バルディーズ号の壊滅的な原油流出に対して、辱め柱が建てられた。柱の最も高いところには、元エクソンのCEOリー・レイモンドが逆さに彫られていて、その長い鼻はあの有名な嘘つき人形のようだった。

ハッピー・バースデー！　さあ、三月だ

海で死なせるために高齢者を氷盤の上を歩かせるのは、伝説上の話ではない。「棄老《きろう》」とよばれる風習で、グリーンランドとアラスカの先住民族であるイヌイットとユイトで実際に行われていた。ほかの部族も、資源が乏しくなると、もはや貢献できなくなった年寄りを何らかの形で葬っていた。年寄りに本当に氷の上を歩かせたというと、少し誇張があるかもしれないが（古い映画のせいでそれを信じている人が多い）、行きつく先は同じだ。だがおそらく彼らにとっては、残りの人生をフロリダで過ごすよりもずっとましな運命だったといえる。

DRIVE-THROUGH FUNERALS

ドライブ・スルーの葬式

◉一緒にお花はいかがですか?

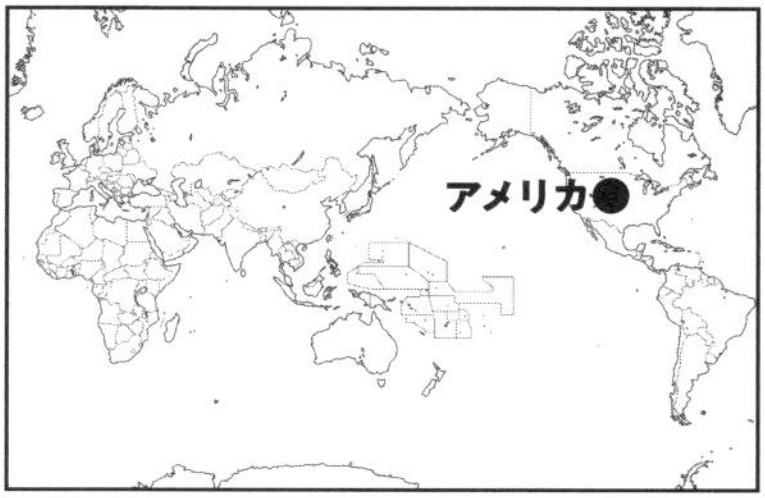

朝食、ランチ、ディナー？　それならドライブ・スルーに行こう。銀行で用事がある？　それならドライブ・スルーに行こう。処方箋が必要？　それならドライブ・スルーに行こう。窓越しにお酒を買える州もあるし、ラスヴェガスのリトル・ホワイト・ウェディング・チャペルには、ドライブ・スルーで結婚式を挙げられる「愛のトンネル」まである。車の力を借りたこの現代の驚異を活用できる産業がほかにあるかどうか、気になる人がいるかもしれない。もしあなたが「葬式」と答えて、そのジョークに自分でほほえんだとしても、残念ながらそれはすでに存在している。ドライブ・スルーの葬式は実際にあるのだ。

ラスヴェガスの結婚式は、明らかに冗談半分で運営されているが、カリフォルニア州コンプトンにあるアダムス葬儀社は、もっと合理的に大切な故人に敬意を捧げたいと考えている人のための事業を、大まじめに展開している。暴力的な日常をテーマにしたギャングスタ・ラップが好きな人ならわかるだろうが、コンプトンは……安全な街とはいいがたい。そのため、防弾ガラスの仕切り越しに故人と対面するという選択肢が生まれることになった。

一九七〇年代の半ばから地域のランドマークとなっているアダムス葬儀社は、故ロバート・リー・アダムス・シニアによって設立され、いまは未亡人のペギーが運営している。ペギーは、彼女の会社が提供するサービスについて、二〇一一年に『ロサンゼルス・タイムズ』にこう語った。「ほかの葬儀場と違うのは、私たちのサービスがオリジナリティにあふれていることです。仕事を終えてから来ることができますし、駐車場の心配もいりません。外で記帳ができるので、故人の家族にはあなたが弔問にきたことがわかるようになっています。要は、利便性の問題なのです」。この利便性は、身体的な障害のある人にもおよんでいる。葬儀の参加者は、電動化の一環として、車いすにのったまま移動できる。

ドライブ・スルーの葬儀場は、アメリカやほかのいくつかの国にもあるかもしれないが、ロバート・リー・アダムス・シニアは斬新なアイデアを思いついたことで高い評価を得ている。気高い顔つきをした彼の胸像が、入り口近くで訪問者を出迎えている（彼が南カリフォルニア州の政治家だったときと同じように）。

あなたも、愛する人をアダムスの会社の専門家に託して、友人や家族がミニバンの扉を開けずに弔問に来られるようにしたいと思ったことだろう。もしそうなら、移動通路には高さと幅の制限があって、ツアーバス、ウィネベーゴ（キャンピングカー）、トレーラートラックには対応していないことを知っておくべきだ。家族に長距離トラックの運転手がいるなら、実用的なハッチバックをレンタルするか、とぼとぼ歩いてくるしかない。オートバイに乗る人には、通り抜ける前にヘルメットを外したほうが（あるいは少なくともバイザーを上げたほうが）礼儀にかなっていると教えておいたほうがいい。

ウィンディー・シティの異名をもつシカゴは、一九八九年に独自のドライブ・スルー式の葬儀を始めた。ガトリングス・チャペル社が、サウスサイドの弔問客にドライブ・スルーで弔問する機会を提供したのだ。オーナーのラファイエット・ガトリングは、『ニューヨーク・タイムズ』の記者に、その動機について次のように語った。「働いている人は時間がありません。遺体には対面したいと思っていても、待つのは嫌なんです。そうした人たちが好きな時間に遺体に対面できるような方法が何かあるはずだと、私はずっと思っていました」。彼が埋葬前の話をしていることだけは想像がつく。

シカゴの無情な冬の寒さを思うと、快適な高級セダンから下りずに、防腐処置済の愛する人に最後のお別れを告げるという考えは、もっともなものに思える。ミシガンの気候からすると、二〇一四年にサギノーに事業を展開したのも納得がいく。だが、蒸し暑いルイジアナ州のニュー・ローズの場合は話が変わってくる。ヴェレッツ＝ポイント・クーピー葬儀社のオーナーは、「正装に着替える時間のない人たち」のためのニッチな市場を埋めているだけだと主張している。あるいはおそらく、アリゲーターの生息数とフロリダからのパイソンの侵入によって、この方式が唯一の安全な選択肢となっているのだろう。

ファストフードの重罪

遺体よりもっと厄介《やっかい》な何かを窓越しにやりとりする必要がある人に対して、コネティカット州マンチェスターのコシアン法律事務所は、効率的な方法で弁護士に相談するよう勧めている。かつてチキン主体のレストラン「ケニー・ロジャース・ロースターズ」の店舗だった建物を新たに借りたこの法律事務所は、ドライブ・スルーの窓口をそのままにして、車（救急車の場合もある）から下りたがらない、負傷した顧客に対応しようと決めた。彼らのバリュー・メニューのなかから訴訟を注文したいと思う顧客のために、彼らが夜間や週末もサービスを提供していることをお伝えしておく。

ビッグ・イン・ジャパン

ドライブ・スルー葬儀というコンセプトは、日本でも受け入れられたようだ。日本人がコンプトンに触発されたのかどうかはわからないが、全体的に見るとやっていることは同じだ。長野県の冠婚葬祭愛知グループは、タッチスクリーンでの記帳と電子焼香を取り入れた、少しハイテクなサービスを提供している。身体障害者のアクセスはここでも主要なセールスポイントだ。効率性に関して、代表取締役の荻原政雄氏は次のように力説している。「全体として見ると、葬儀に参列する時間が四分の一、少なくとも五分の一は短縮されるでしょう」。そしてもちろん、少しの創意工夫と粘り強さがあれば、近い将来、三分の一まで短縮できる見込みもあるはずだ。

【カバー写真】
Alamy ／ PPS 通信社
Robert Harding ／ PPS 通信社

【本文】
Alamy ／ PPS 通信社……017, 037, 061, 081, 155, 159, 165, 171, 177, 183, 187, 193, 199, 205, 215, 219, 233, 249, 253, 267, 273, 279, 301
AGE ／ PPS 通信社……209
Bridgeman Images ／ PPS 通信社……219
Robert Harding ／ PPS 通信社……071, 111, 149
SPL ／ PPS 通信社……031

【著者】**E・リード・ロス**（E. Reid Ross）

Cracked. comのエディター兼コラムニスト。著書に『Nature Is the Worst: 500 Reasons You'll Never Want to Go Outside Again』などがある。軍の情報部門や警察で働いた経歴があり、現在は人間、犬、有袋類からなる家族と一緒にメリーランド州で暮らしている。

【訳者】**小金輝彦**（こがね・てるひこ）

英語・仏語翻訳者。早稲田大学政治経済学部卒。ラトガース大学MBA。訳書にスキアット『シャドウ・ウォー』、レイア『アメリカが見た山本五十六』（共訳）、イオネスコ他『世界移民統計アトラス』（共訳）、カイザー『告発』（共訳）などがある。

BIZARRE WORLD
A Collection of the World's Creepiest, Strangest,
and Sometimes Most Hilarious Traditions
by E. Reid Ross

世界《せかい》の奇習《きしゅう》と奇祭《きさい》

150の不思議《ふしぎ》な伝統行事《でんとうぎょうじ》から命《いのち》がけの通過儀礼《つうかぎれい》まで

●

2021年8月23日　第1刷

著者…………E・リード・ロス

訳者…………小金輝彦《こがねてるひこ》

装幀…………一瀬錠二（Art of NOISE）

発行者…………成瀬雅人
発行所…………株式会社原書房

〒160-0022 東京都新宿区新宿 1-25-13
電話・代表 03（3354）0685
http://www.harashobo.co.jp
振替・00150-6-151594

印刷…………新灯印刷株式会社
製本…………東京美術紙工協業組合

ISBN978-4-562-05938-6, Printed in Japan